François DESCOSTES

Des Alpes au Niger

SOUVENIRS D'UN MARSOUIN

(1868-1891)

Avec une Préface

PAR

ERNEST DAUDET

PARIS

F. JUVEN, ÉDITEUR

10, RUE SAINT-JOSEPH, 10

1898

Des Alpes au Niger

ANTHELME ORSAT

Sous-lieutenant aux Tirailleurs Sénégalais

(1868-1891)

François DESCOSTES

Des Alpes au Niger

SOUVENIRS D'UN MARSOUIN

(1868-1891)

Avec une Préface

PAR

ERNEST DAUDET

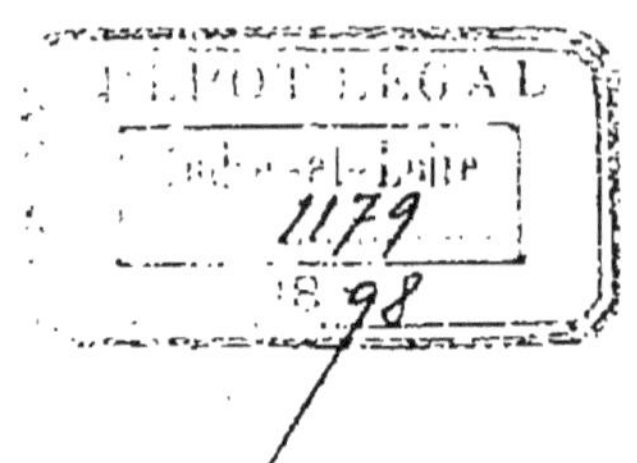

PARIS

F. JUVEN, ÉDITEUR

10, RUE SAINT-JOSEPH, 10

1898

PRÉFACE

Ce livre est le récit d'une vie de soldat, brève et glorieuse, tranchée dans sa fleur par une mort héroïque. A ce titre, il était fait pour nous émouvoir.

Mais ce qui le rend émouvant au plus haut degré, c'est que, grâce aux lettres qu'il renferme, il est à proprement parler une autobiographie, tracée au jour le jour, au hasard des routes et des étapes, à travers des contrées sauvages, encore non ouvertes, quand ces lettres furent écrites, aux efforts de la civilisation.

Nous avons là, dans sa simplicité, la vie de nos soldats d'infanterie de marine, — nos « marsouins », comme on les appelle, —

lorsque, loin de la mère patrie, ils marchent, porteurs de lumière, parmi des périls sans cesse renaissants, à la conquête des peuplades barbares qu'il faut tirer de leur esclavage, de leur ignorance, de leurs ténèbres, et rendre à l'humanité.

Que de nobles et fières existences, à qui tout souriait et à qui semblait promise une longue durée, sont venues se dénouer là, héroïquement et obscurément, et que de braves cœurs ont précocement cessé de battre, dont nous ne connaîtrons jamais les émotions ni les sacrifices !

Le patrimoine des Français n'est pas fait seulement de conquêtes et de gloire. Il est fait aussi de trépas obscurs dont nous ignorerons toujours les circonstances et que nous ne pouvons, au jour du triomphe, que saluer collectivement sous le voile qui nous les a dérobés.

Nos héros, de tous temps, ont été légion. Mais, pour quelques-uns qu'une faveur du destin protège contre l'oubli, combien d'autres, le plus grand nombre, dont nous avons la douleur de ne pouvoir inscrire les noms au livre d'or de notre histoire, qui donne seul l'immortalité !

Partout où la France a porté son drapeau, la terre a été ainsi arrosée du sang le plus généreux sans qu'il nous soit toujours possible de retrouver, de préciser, d'énumérer les innombrables sources d'où il a coulé.

Plus heureux que tant d'autres de ses camarades qu'il eut l'ambition d'égaler ou qui, venus après lui, ont marché et marchent encore dans la voie où lui-même avait marché, le lieutenant d'infanterie de marine Anthelme Orsat, mort à l'ennemi, a eu la bonne fortune de trouver son historien dans M. François Descostes.

Ils sont issus l'un et l'autre de cette forte et loyale race qui fleurit au pays de Savoie. En devenant française, elle a enrichi de son passé de gloire et des promesses d'avenir, tenues depuis avec largesse, dans tous les domaines où elle a exercé son intelligence et son activité, le patrimoine commun de la France.

Un hasard mit un jour dans les mains de François Descostes les lettres qu'écrivait du Soudan, au cours des campagnes engagées contre le mystérieux et redoutable Samory, le Saint-Cyrien jeté, dès sa sortie de l'École, dans les hasards des combats.

Ces lettres, à l'heure où il en eut connaissance, n'étaient déjà plus que des lettres d'outre-tombe. Leur auteur avait trouvé la mort en combattant. La lecture de ces papiers émut François Descostes, l'emplit d'admiration pour ce compatriote de vingt ans si brillant, si fier, si courageux, pour ses faits d'armes, pour sa fin précoce, et, délaissant pour un jour ses occupations de jurisconsulte et ses savants travaux historiques à qui nous devons de mieux connaître les dessous de la Révolution française et à qui lui-même doit la notoriété de son nom, il écrivit, à la lumière de cette correspondance si propre à lui servir de guide, bien qu'elle eût été tracée pour l'intimité, l'épopée qu'on va lire.

On m'a demandé de présenter au lecteur le héros de ces pages émouvantes et l'historien qui les a coordonnées et complétées. L'amitié que j'ai pour celui-ci ne me permettait pas de décliner cette invitation. Mais, en vérité, ils n'avaient besoin, ni le mort glorieux que nous pleurons, ni l'écrivain qui nous raconte sa vie et son trépas, d'être présentés et recommandés.

Dès la première page de ce livre épique, le lecteur sera conquis. Il aura vite fait de comprendre et de voir que c'est ici un recueil de nobles exemples, de fortes leçons, une école de patriotisme où chacun de nous trouvera quelque chose à cueillir, à retenir, à apprendre, ceux surtout qui, missionnaires d'idées, de gloire, de civilisation, s'en vont, flambeau en mains, ouvrir aux activités de notre pays les espaces inconnus et vierges de cette Afrique dont on disait, il y a si peu de temps encore, que tout y était mystère, et qui bientôt sera pénétrée de toutes parts.

Livre émouvant, livre qu'a écrit un homme de cœur, livre où l'esprit de sacrifice se pose en rival victorieux de l'esprit d'égoïsme, livre réparateur, réconfortant, salutaire, livre enfin qui viens à ton heure pour protester contre les outrages dont des criminels et des fous ont tenté, dans ces derniers temps, de souiller l'armée, le drapeau, l'âme même de la patrie, va, marche et accomplis ton œuvre d'enseignement.

Je te livre avec confiance aux flots de la mer et aux hasards des routes. Le succès t'attend parce que tu es un livre de lumière et de vérité et que nul ne pourra te lire sans que les battements de son cœur se précipitent, sans que ses yeux s'emplissent de nobles, de pures, de douces larmes.

Tu n'es qu'une fleur sur la tombe d'un adolescent, livre qu'embaument les plus beaux sentiments qu'ait conçus l'âme humaine ! Mais, au moment où la main pieuse d'un écrivain de talent et d'un ami te dépose sur le cercueil d'un héros, l'adversaire redoutable, à la poursuite duquel celui-ci trouva la mort, a mordu la poussière. Samory est à jamais désarmé ; ses bandes sont dispersées, et le Soudan, devenu terre française, ouvre, de toutes parts, aux entreprises de la mère patrie, ses routes délivrées, — dénouement qui nous console en nous prouvant que les sublimes efforts dont le lieutenant Anthelme Orsat fut un jour l'instrument et qui lui coûtèrent la vie, comme à tant d'autres, loin d'avoir été vains, ont porté déjà et porteront encore des fruits.

Ernest DAUDET.

Paris, le 24 Octobre 1898.

AUX SAINT-CYRIENS DE L'AVENIR

C'est à vous, jeunes gens, que je dédie ces pages.

Vous y lirez — toutes vibrantes d'esprit militaire et de patriotisme — les lettres écrites au jour le jour par le toubab (1) qui s'en alla mourir là-bas, au Soudan, frappé en plein cœur par une balle de noir...

Oui, lisez-les, ces impressions vécues, ce journal de marche griffonné sans prétention à travers la brousse, sur la rive d'un marigot (2) ou à l'ombre d'un baobab, jusqu'à la suprême étape.

Ce soldat de vingt ans fut un héros obscur, l'un de ceux qui, par milliers, ont fait allégrement, sans profit et sans bruit, le sacrifice de leur vie à l'honneur et à la grandeur de la France.

(1) *Chef blanc.*
(2) *Cours d'eau.*

1

N'est-ce pas à cette tâche que vous vous préparez vous-mêmes ?

Fortifier en vous ces nobles sentiments, vous enseigner comment on remplit les grands devoirs, comment une nation énervée se retrempe dans le sang des martyrs, c'est encore servir le pays en semant au cœur des générations nouvelles le germe « du courage et du dévouement au drapeau ».

Et peut-être, en écrivant ces pages, aurons-nous apporté un modeste fleuron de plus à la glorieuse couronne de notre armée, — la « grande silencieuse », autour de laquelle, aujourd'hui plus que jamais, se groupent les cœurs de tous les vrais Français et les plus saintes espérances de la Patrie...

François DESCOSTES.

Les Evernées, le 26 août 1898.

DES ALPES AU NIGER

A notre époque, où le *positif* l'emporte sur l'*imaginatif*, l'esprit est friand de réalités. De là le succès des souvenirs et des autobiographies militaires. Souvent, d'ailleurs, ainsi qu'on l'a dit, l'histoire vraie dépasse en intérêt le roman le plus passionnant et le plus habilement composé.

Sans avoir vu le jour dans une période aussi tourmentée ni dans un cadre aussi vaste que les mémoires des Marbot, des Thiébault, des du Barail, ni même que les simples *Cahiers du capitaine Coignet*, les lettres que ce petit volume est appelé à répandre ont toute la saveur primesautière d'une plume de soldat, toute l'éloquence d'un cœur de patriote, tout le parfum d'une inspiration saine et élevée, tout le charme d'un style épistolaire à la fois rempli de jovialité, de vigueur, d'enjouement et d'humour.

C'est, au suprême degré, de la littérature *bien venue* et *bien portante*.

Tour à tour spirituelles et émouvantes, finement écrites, légèrement troussées, intéressantes toujours, elles ont une qualité de plus : celle d'être instructives. Portraits d'après nature, tableaux pris sur le vif, succession d'instantanés non retouchés et livrés avec toute la crudité de ton du premier tirage : cela nous initie, mieux que de gros et ennuyeux volumes, aux mœurs des tribus que nous avons à combattre, à soumettre et à civiliser, et, pour tout dire, à la connaissance exacte des hommes et des choses du continent noir.

Avec l'auteur, disant adieu, non sans émotion, à la terre natale, à ces Alpes de Savoie dont l'image viendra plus d'une fois hanter ses rêveries, nous nous embarquons à Bordeaux. Après une heureuse traversée et une ennuyeuse quarantaine, nous débarquons à Dakar.

De Saint-Louis, nous entrons bien vite en campagne... Nous remontons le Sénégal jusqu'à Kayes. Nous voici dans la brousse, à la poursuite d'Ahmadou ; entre temps, nous faisons la désagréable rencontre des *bouquis* (1) et des panthères.

Ahmadou vaincu, chasse au « doux Samory ». Descente du Niger. Nous nous mesurons avec les Toucouleurs ; nous remettons dans le droit

(1) Hyènes.

chemin les auxiliaires bambaras, qui ont une furieuse envie de prendre la poudre d'escampette. Spahis, marsouins et tirailleurs sénégalais, nous faisons ensemble des raids d'une incroyable témérité à travers les régions inexplorées du Soudan...

Assaut des *tatas* (1). Les *sofas* (2) chargés à la baïonnette. Enlèvement des *tabalas* (3) des grands chefs. Au sommet des *diomfoutous* (4), le drapeau tricolore planté comme un symbole de civilisation et d'espérance : image de la liberté apportant sa lumière féconde à la terre des esclaves...

Bref, en suivant le journal de marche de notre héros, nous avons l'illusion de mener la *vie de colonne*, cette rude vie du soldat d'Afrique, que nous admirons de loin, dont nous parlons abondamment, mais sans bien la connaître, sans nous rendre un compte exact de ce qu'elle exige de renoncement, d'abnégation, d'esprit de sacrifice, ainsi que me le disait un jour un des plus braves officiers de notre armée coloniale (5).

(1) Fortifications et murs d'enceinte des villages soudanais.

(2) Littéralement « pères du cheval » : cavaliers, soldats d'élite portant le pantalon.

(3) Tambours de guerre, signes du commandement, équivalant aux fanions de nos généraux.

(4) Citadelles.

(5) Le colonel Trepier, ancien chef de bataillon à la légion étrangère, officier de la Légion d'honneur.

La bravoure est, chez nous, monnaie courante. Dieu merci, la race des Cadets de Gascogne vit toujours. Surmonter l'instinct de la conservation, donner dans l'occasion un coup de collier, braver un danger immédiat et se présentant sous une forme tangible : quel est le soldat français qui n'en soit capable ?

Mais rester soi-même, digne de l'uniforme et du drapeau, à toutes les heures, dans toutes les circonstances, envers et contre tous les éléments conjurés ; triompher du climat, de la faim, de la soif, de la lassitude, de la fièvre, de la maladie qui décime les camarades, de la mort des amis, de la solitude, de la privation des nouvelles, de l'éloignement de la patrie : voilà ce qui ne se voit pas couramment, ce qui exige une organisation d'élite, un ensemble de qualités, disons même hardiment... de vertus exceptionnelles.

Nul n'est bon soldat d'Afrique si, sur son visage, on ne lit les traits suivants :

Endurance, résignation stoïque à tous les jeûnes et à tous les régimes ; mépris de la souffrance physique, sentiment de l'honneur qui ne transige pas avec le devoir ; énergie qui permet de surmonter la souffrance morale ; belle humeur qui allège la fatigue, et camaraderie, cette manifestation exquise de l'altruisme, diraient les philosophes, nous disons, nous, carrément... de la charité chrétienne, qui rend supportables les plus dures épreuves en en divisant le poids... Jules Lemaître n'a-t-il pas défini excellemment ce charme et cette force de la vie militaire : « La solidarité, l'acceptation d'une discipline étroite dans la pensée d'être plus forts tous ensemble et le dévouement jusqu'à la mort aux intérêts de la communauté (1). »

De ces vertus, dont la réunion et l'épanouissement complet en un même individu sont si rares, le héros de ce livre fut le prototype achevé.

Aussi croyons-nous faire œuvre utile et vraiment patriotique en racontant sa vie à la jeunesse française, que dis-je ? en la conviant à entendre, tracé par lui dans l'abandon d'une correspondance familiale, le récit de ses impressions, de ses aventures, de ses étapes à travers le continent noir, de ses retours par la pensée au pays natal, de ses combats, de ses misères, de ses joies et de ses espérances.

Des Alpes au Niger : ce titre résume bien cette odyssée, trop courte, hélas ! tragiquement terminée au moment même où la colonne victorieuse allait toucher au but, et le plus vaillant de ses soldats recevoir la récompense qu'il avait si noblement gagnée.

Une autre, plus solide et moins fugitive, lui était due. Sa belle âme l'a conquise « au sein

(1) *L'Armée et la paix.*

de Dieu, foyer de lumière, de justice et de vérité » (1), dans cette vie sur laquelle peuvent ergo-
ter des doctrinaires en pantoufles, mais qui n'est
point un mystère, qui ne fait pas doute pour le
soldat et pour le marin, pour ceux qui, chaque
jour, sont aux prises avec la mort.

Nous accomplissons un devoir de reconnaissance en remerciant ici les membres d'une hono-
rable famille, à la fois si cruellement et si glorieusement frappée, d'avoir bien voulu nous
communiquer ces lettres intimes, le seul souvenir qui leur reste d'un fils et d'un frère bien-aimé ;
et nous souhaitons à nos lecteurs d'éprouver à
les lire l'émotion dont nous étions pénétré nous-
même en enchâssant pieusement, comme dans
un reliquaire, les dernières pensées de l'enfant des
Alpes mort à l'ennemi, sur les bords du Niger...

____

(1) Paroles du général Billot sur la tombe du général de
Jessé.

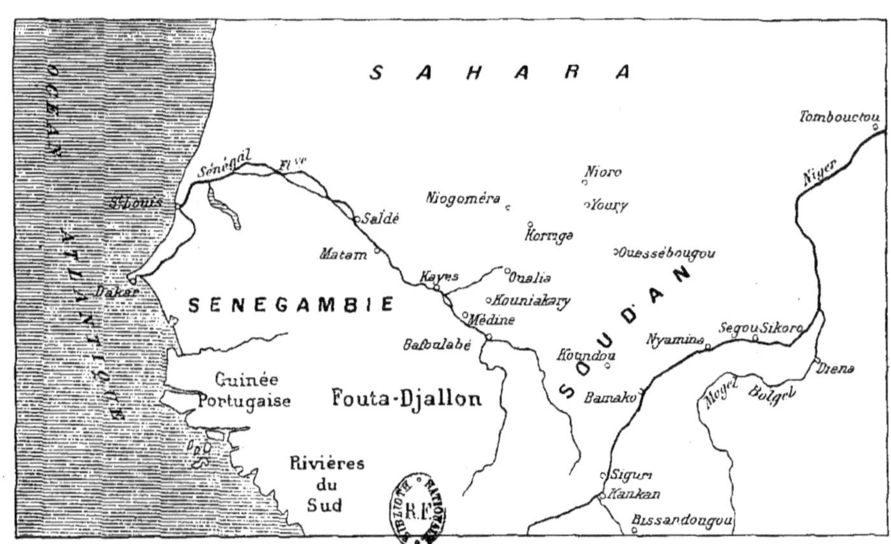

CARTE GÉNÉRALE DE LA RÉGION COMPRISE ENTRE LE SÉNÉGAL ET LE NIGER

I

Faut-il retracer son portrait ?

Contentons-nous d'une simple esquisse, d'un *état signalétique*, comme on dit au régiment. Ceux qui l'ont approché n'auront pas de peine à le reconnaître. Ceux qui ne l'ont point connu verront revivre un type bien militaire et bien français :

Vingt-deux ans ; ancien lauréat du grand concours ; ancien élève de Saint-Cyr, de la promotion de Châlons ; désigné, sur sa demande, pour l'infanterie de marine.

Au physique, taillé en hercule : les épaules larges, la taille élégante et bien prise, le corps souple et musculeux. Les camarades disent de lui qu'il est fort comme un Turc, agile comme un écureuil et courageux comme un lion.

La physionomie, — ce miroir de l'âme, — est ouverte, franche, décidée. Du groupe des *grands sympathiques*, de ces mortels fortunés qui, sans effort, sans diplomatie, par une sorte d'aimantation, attirent à eux tous les cœurs. Le regard vif, clair, brillant, trahit une âme résolue. Les cheveux bruns sont coupés ras sur le front. La moustache est conquérante. Au-dessous des lèvres fines et quelque peu dédaigneuses, un menton volontaire. Les oreilles se détachent hardiment de l'ovale régulier du visage.

La tenue, sans recherche, est toujours d'une correction achevée. Rien du snob ni du petit monsieur au monocle fixé dans l'arcade sourcilière ; mais une distinction simple, naturelle, aisée, de celles auxquelles on ne se trompe pas et qui font dire au passant, le sujet observé fût-il en civil : « Celui-là est un officier de bonne famille, qui sort de l'École... »

Un type non banal, à coup sûr : harmonieux assemblage d'élégance et de force, de goûts mondains et de virilité, de gaieté exubérante et de mélancolie douce, de poésie et de sens pratique, de joie de vivre et d'aspirations vagues, inquiètes vers les vastes horizons et la grande vie d'aventures.

Une nature dévorante, inassouvissable, visiblement à l'étroit entre les quatre murs d'une caserne, ambitieuse de sensations nouvelles, brûlant de se dépenser, de s'exposer, de se distinguer et d'en découdre où l'on voudra, avec n'importe qui, noirs, jaunes ou blancs, — jaunes et noirs, à défaut de blancs, — pourvu que ce soit avec des ennemis de la France.

Bref, un mousquetaire réapparaissant soudain au seuil du vingtième siècle : robuste comme un chêne, alerte, éveillé, friand de la lame ; bon camarade, ayant le cœur sur la main et toujours prêt à rendre service ; dans le monde, cavalier séduisant, danseur intrépide, conducteur de cotillons irrésistible ; dans le service, pas bénisseur ni courtisan : et avec cela officier instruit, sérieux, connaissant à fond son métier, — un *bûcheur*, à hauteur, comme on dit au régiment, de tous les travaux, de toutes les audaces et de tous les sports.

Tel était le jeune sous-lieutenant qui, en 1890, tenait garnison à Toulon, au 4ᵉ régiment de ces *marsouins* légendaires, les *alpins* de la mer, les *vitriers* des colonies.

II

Anthelme était né en 1868, au pied des Alpes, d'une race de soldats, d'une de ces familles chez lesquelles le courage, l'esprit militaire, l'amour du danger se transmettent avec le sang.

L'un de ses grands-oncles fut le général Mollard, le héros de San Martino, un type de bravoure aveugle et de fidélité chevaleresque. A l'annexion de 1860, le général, qui était d'origine savoyarde et avait fait toute sa carrière dans l'armée sarde, partagea le sort de sa terre natale. Comme don de joyeux avènement, l'Empereur le nomma sénateur et se l'attacha comme aide de camp. Son nom rappelle l'une des illustrations militaires les plus pures d'un pays qui en compte tant et qui donna, au commencement du siècle, à la France les Desaix, les Curial, les Decoux, les Chastel, les Dupas...

Comme son grand-oncle, Anthelme voulait

être soldat. Il avait deux ans quand la patrie fut
envahie : il poussa, comme une plante vigou_
reuse, au milieu de ces douloureux souvenirs.
L'image des grands devoirs et des muettes espérances s'incrustait, chaque jour, plus nette et plus
impérieuse, dans son cœur de Français...

Enfant, le portrait en pied du général, ap-
pendu dans le salon de famille, hantait déjà ses
rêves. Il se voyait, lui aussi, avec un large ruban
rouge en sautoir, des épaulettes à gros grains,
la poitrine constellée de croix et de médailles à
ne savoir où les placer toutes, s'entremêlant, se
heurtant dans un glorieux cliquetis ; grand-
croix de la Légion d'honneur, des Saint-Maurice
et Lazare et de la Couronne d'Italie, médailles de
la valeur militaire, de Crimée et d'Italie, pour
ne parler que de celles gagnées sur le champ de
bataille... Les autres, celles récoltées à la cour,
le vieux guerrier les négligeait comme des ho-
chets de la vanité.

Le petit-neveu avait l'ambition de marcher sur
ses traces et de décrocher avant vingt-cinq ans
un petit bout de ruban rouge.

C'était son roman, à lui.

A l'école, tout fier dans sa première culotte,
il ne savait que jouer au soldat.

Au collège, il excellait dans les combats à
boules de neige, à tous les exercices du corps,

gymnase, escrime, jeu de barres, équitation, partout où il fallait déployer de l'audace et de l'adresse. Chef de camp, il ramenait les hésitants à l'assaut, tournait, enveloppait l'ennemi et finalement plantait sur la position à conquérir le fanion du vainqueur.

De lui aussi, dans un milieu plus modeste, l'on aurait pu dire ce qu'un maître (1) écrivait récemment d'un glorieux soldat (2) :

« Il se grisait au récit des batailles. Il aimait à en mettre en action les épisodes, à feindre les résistances désespérées ou les attaques héroïques. Il s'élançait à l'assaut de forteresses improvisées ou défendait le drapeau qui flottait à leur sommet, et sa jeune imagination parait de grandeur et de poésie les simulacres d'épopées guerrières. »

Vainqueur, Anthelme l'était sur toute la ligne, non seulement aux jeux olympiques de la cour de récréation, mais dans sa classe où il accaparait régulièrement tous les prix. Sciences ou lettres, cela lui était indifférent. Il mordait à tout avec le même appétit, *potassait* avec l'ardeur qu'il mettait à s'amuser et remportait partout les mêmes succès.

« Tu Marcellus eris ! » — aurait pu lui dire son professeur de rhétorique, sans prétendre à la di-

(1) M. Ernest Daudet.
(2) Le duc d'Aumale.

vination d'un liseur de pensées. Celui-là, l'armée le veut, elle l'aura.

Saint-Cyr lui ouvrit ses portes toutes grandes et le rendit, garanti bon teint, à l'infanterie de marine. Un beau jour que celui où il étrenna « cet uniforme si passionnément souhaité de sous-lieutenant » !... Enfin, il appartenait tout entier à la France, prêt à lui donner sa vie et à lui sacrifier ce qu'il avait de plus cher au monde.

III

Ce qu'il avait de plus cher au monde ?... Certes, les saintes affections ne manquaient pas à
Anthelme et, en dépit de son tempérament essentiellement militaire, quelle infinie douceur il
éprouvait à se retrouver aux vacances, aux con-
gés périodiques, sous les grands ombrages de
Pégy, la propriété paternelle qui s'épanouit à
mi-colline, sur l'un des versants de la plus gracieuse des vallées de Savoie !

Quelle volupté d'artiste à gravir, un matin de
septembre, au lever du soleil, la colline aux flancs
de laquelle la maison est adossée et à laisser son
regard vagabonder sur cet horizon légèrement
elliptique où la lumière d'Italie semble inonder
les ombrages de l'Oberland !

Le bassin de l'Albanais est à nos pieds : vaste
enceinte de collines ondulées, verdoyantes et
largement espacées, qui s'étagent les unes der-

rière les autres et fuient dans toutes les directions avec une harmonie de contours inimitable.
Au-dessus, l'encadrement lointain et plus sévère des montagnes. Au levant, on aperçoit la
crête de celles qui dominent le lac d'Annecy : le
Parmeland, la Tournette, et plus en avant, la
trouée des Bauges et la masse rectiligne du Semnoz, qui, le soir, s'irise sous les derniers rayons
du soleil couchant de teintes polychromes à désespérer le pinceau d'un Corot.

Le lit encaissé du Chéran, la rivière aux pail-
lettes d'or, gerce la plaine, immense tapis de
moquette fleurie. Là s'épanouissent les produits
bigarrés de toutes les cultures : c'est le grenier
de la Savoie. Les épis de blé et les quenouilles
de maïs s'y marient agréablement au vert sombre des plants de tabac, et la locomotive, lancée
à toute vapeur, passe en revue toutes ces richesses, en sillonnant le bas horizon d'une traî-
née de fumée grise.

Au nord, la colline de Sales baigne son pied
cambré dans les eaux argentées de la rivière. La
petite ville de Rumilly étale sa ruche de maisons blanches et le dôme de son clocher étince-
lant : elle semble émerger d'une ceinture de
feuillages. Plus haut, le regard découvre les
collines d'Hauteville et de Versonnex ; et, sur
la ligne extrême, le Credo, sentinelle avancée
du Jura, vient, dans ses derniers retranche-

ments, donner l'accolade à la grande chaîne des Alpes.

Et, après avoir ainsi vagabondé, quel plaisir de rentrer au logis !

La villa, coquette et gracieuse, est contemporaine d'Anthelme : elle a été bâtie, dans le goût moderne, sur les murs d'enceinte de la vieille maison. Un vaste jardin, clos de murs, s'étend au devant. Quelques corbeilles de fleurs, entretenues avec un soin jaloux, sourient au visiteur, à l'entrée ; puis, au delà, bien vite, c'est l'utile qui s'épanouit sous les arbres fruitiers de superbe venue, des espaliers impeccables, une pépinière de plants de vigne et des treilles, formant portique, admirablement taillées, émondées, alignées, et pliant à l'automne sous le poids des grappes.

A l'intérieur de la maison, une famille patriarcale. Le père, un beau vieillard, à la haute stature, droit et élancé comme un jeune homme, porte allégrement ses quatre-vingts ans sonnés. Magistrat durant un demi-siècle, il a honoré l'hermine et exercé les fonctions présidentielles dans une grande cour avec autant de science que d'intégrité.

Il se repose aujourd'hui, dans sa tranquille demeure, entouré de l'affection d'une épouse et d'une fille tendres et dévouées, suivant de loin la carrière de ses fils dont deux sont à l'armée, dont l'autre appartient à la magistrature et y continue les traditions paternelles. Mais il se repose en travaillant : œuvre de compilateur et de jurisconsulte, labeur de viticulteur et de jardinier ; toujours la plume ou le sécateur à la main, l'esprit et le corps sans cesse en mouvement ; et d'aventure, pendant l'hiver, faute de pouvoir occuper autrement son activité, il lui arrivera, — comme à certain président du Sénat de Savoie et à Joseph de Maistre en exil, — de scier lui-même son bois.

Les bâtiments rustiques s'élèvent à quelque distance, au delà du clos, au centre d'un joli domaine.

Là, les grands bœufs, *Zhouli, Fromè* (1), creusent placidement le sillon sous l'aiguillon fraternel du *bovi* (2), leur compagnon de peine. Vaches et génisses paissent dans la prairie sous la garde de la bergère qui tricote son bas, assise sur une motte de terre, à l'ombre d'un pommier. De temps à autre, jetant sur le gazon ses aiguilles et son pe-

---

(1) Noms familiers que, dans leur patois, les paysans savoyards donnent à leurs bœufs.
Zhouli se prononce comme le *the* ou le *that* des Anglais.
(2) Le bouvier.

loton de laine, elle se lève brusquement et, à grandes enjambées, balourde dans ses gros sabots, elle s'en va, la tige flexible d'une branche de saule à la main, réprimer les écarts de ses bêtes.

Ailleurs, filles et garçons travaillent ensemble au tabac : les feuilles, soigneusement triées, sont déposées avec des égards infinis sur la *cage* (1) à laquelle est attelé le cheval de la ferme et, quand la cargaison est complète, le petit valet l'emmène jusqu'au *séchoir* (2), à l'extrémité de la cour où la fermière, autoritaire et affairée, passe alternativement de la cuisine à la fontaine, de la fontaine au four et du four à l'écurie.

Ruche humaine où chacun a sa tâche, son rôle, sa part de peine et de bonheur modeste, sa place à la longue table : d'un appétit aiguisé par l'air de la montagne, tous ces braves gens y viennent le soir manger en commun le pain bis et la soupe fumante préparée par la ménagère, avant de réciter la prière et d'aller *se dromi* (3) sur la paille qui leur sert de couchette.

Et c'est ainsi tous les jours de l'année, sauf en hiver, où l'on travaille à l'intérieur, et en été, le

(1) Chariot à quatre roues, à caisse oblongue et ajourée, très usité dans les campagnes de Savoie.
(2) Hangar avec vantaux, où l'on fait sécher le tabac.
(3) Se coucher.

dimanche et les jours de fête. Chacun, ces jours-là, revêt ses plus beaux atours. On dévale par les sentiers fleuris jusqu'à l'église.

Le président y a son banc, fidèlement occupé, de même que chaque famille. Pas un, même parmi les hommes, ne manque à l'appel. Le fermier chante au lutrin. La fermière donne à son tour le pain bénit. Tout ce monde, priant Dieu avec la foi naïve du montagnard, accepte sans murmure le rude labeur de la semaine, savourant d'avance les douceurs du saint jour de repos.

Et dans le calme des soirs d'été, se répondant les unes aux autres à travers la campagne endormie, les voix robustes de jeunes gens et les fraîches voix de jeunes filles chantent sur un mode lent, mélancolique, presque religieux, les couplets du poète national, qui, dans le patois énergique et syncopé de la vallée, a dépeint les travaux et les joies du paysan avec la vigueur et le charme pénétrant d'une eau-forte :

> O ! qu' d'amo vi dièh la campagnè,
> Quan l'séloèh cœush' è qu' la né gagnè
> L'bovi què rvin to satisfèh
>   D'sé vagnè
> Et l'barzhîh qu' ramèn' a-r-on mouèh
>   L' tropèh (1)!

(1) Oh ! que j'aime à voir dans la campagne
Quand le soleil se couche et que la nuit gagne

> To l'lou de la vi la thièvra quélè,
> La vashe bràm'e e l' mœuton bélè,
> Jusqu'a l'agnéh lè pè ptiolin
>   Qu' s'è mélè
> E sta zhanfon durè sè fin
>   P'lè zhmin... (1)

> Rla du tropéh qu' marsh' a la téta
> Fa tan què l' put snà sa clioshéta
> La thiévr' è l' mœuton fon brinhnâh
>   Lœu snéta
> E le ptiou shvau drissè son nàh
>   Pr' hiznâh (2).

Le troupeau est rentré à la ferme. C'est à qui s'empressera pour traire les vaches, écrémer le lait et battre le beurre.

Au-dessus de ce tumulte réjouissant s'élève la voix retentissante de la matrone campagnarde

> Le bouvier qui revient tout satisfait
>   De ses semailles
> Et le berger qui ramène en un mas
>   Le troupeau !

(1) Tout le long du chemin la chèvre gémit,
La vache mugit et le mouton bêle.
Jusqu'à l'agneau le plus petit entre les petits
    Qui s'en mêle
Et cette chanson dure sans fin
    Par le chemin...

(2) Celle du troupeau qui marche à la tête
Fait autant qu'elle peut sonner sa clochette,
La chèvre et le mouton font retentir avec éclat
    Leur sonnette
Et le poulain dresse **son nez**
    Pour hennir...

qui dit le mot de la fin et se charge de la morale
à infuser dans l'esprit de ses filles :

> Zhantà, mé fliè, travailli totè,
> La mare, on jor, fara vtré dotè ;
> Mai d'on galan è prè du bau
>   Qu'écotè
> Et vos ariz to c'q'y'ara d'miau
>   Pr'épau !... (1)

Et les gars, en revenant des champs, donnent,
de leur voix forte et bien timbrée, la réplique à
la *mètra* (2) avec la chanson des *Bœufs*, rassu-
rante apostrophe lancée par le paysan aux com-
munards des temps passés et aux collectivistes
de l'avenir :

> Ya d'zhè qu'vodrôh no ptà la mouda
> Dè reoltàh c'qué n'on pâ vàgnah,
> E qu'trovrôh qu'ét 'na chusa emouda
> Dè mdii l'bin qu'los âtr'on gàgnah.
> Mè diè mon bœu, se d'zhè d'la seurta
> Vgnon jamé p'exarcîh lœu mtih,
> D'é ma cœutra, su l'soè d' ma peurta
> Qu'se sharzhe d'lé doutàh l'aptih ! (3)

---

(1) Chantez, mes filles, travaillez toutes,
     La mère un jour fera vos dots ;
   Plus d'un galant est près de l'écurie
       Qui écoute et veille
   Et vous aurez tout ce qu'il y a de mieux
       Pour époux !...

(2) La femme du fermier, du *maitre*.

(3) Il y a des gens qui voudraient nous imposer la mode
     De manger ce que les autres ont gagné
   Et qui trouveraient que c'est chose commode
     De récolter ce qu'ils n'ont pas semé.

L'*Angelus* a sonné. Tous les fronts se sont découverts. Les gars reprennent :

> Sè jamé l'incora m'interrè
> Et qu' d'eio fè mon testamè
> M'nainé sara l'érti d'mè terrè
> Et d'mo dou bu, *Shouli, Fromè;*
> E dé bailli d'messè pson parè
> Car sè fa dince, al ara pro
> Pè paï binstou son ptiou frarè
> Et p'férè la dota d'sé sro !... (1)

> Si, dans mon écurie, des gens de cette sorte
> Venaient jamais pour exercer leur métier
> J'ai mon *coutre* sur le seuil de la porte
> Qui se charge de leur en enlever l'appétit.

(1) Si jamais le curé m'enterre
Et que j'aie fait mon testament,
Mon aîné sera l'héritier de mes terres
Et de mes deux bœufs, *Zhouli, Froment;*
Il devra donner des messes pour son père;
Car, s'il fait ainsi, il aura assez
Pour payer bientôt son petit frère
Et pour faire la dot de ses sœurs...

IV

Anthelme avait grandi au milieu de ces êtres
et vécu de leur vie ; il les aimait, il enviait
parfois leur humeur égale et leur philosophie
sereine. S'il n'eût été soldat, il eût voulu être
paysan. Il y avait en lui du Cincinnatus.

Devenu jeune homme, lancé dans le tourbillon
de la vie militaire, saint-cyrien au képi bleu de
ciel, puis officier à la tunique bleu de roi, il
retrouvait à Pégy les douces impressions des
premières années. Sa mère adorée était toute
fière, le dimanche, de s'en aller à la grand'messe
au bras de *son lieutenant*, à travers les paysans
et les paysannes en habits de fête, se le montrant
du doigt, avec une sympathie curieuse, et chu-
chotant d'un air d'intelligence, tout en ébauchant
un salut respectueux... Et puis c'étaient les
frères, la sœur, le beau-frère, les neveux, les
parents, les amis, la famille enfin, le pays, ce

petit coin de terre dont chacun emporte l'image dans son cœur et qui y tient plus de place que le monde ; les horizons aimés dont on connaît les moindres ondulations, les fantaisies, les caprices et les infinies métamorphoses sous les jeux de lumière du soleil et de la brume, ces deux merveilleux coloristes des paysages alpins...

La douce vie, après les grandes manœuvres, en août, en septembre, quand la chasse est ouverte ! Départ matinal, au petit jour, en guêtres, le fusil sur l'épaule, les chiens courant en avant-garde ; ascension lente le long des pentes rapides de Saint-Germain et de la Chambotte, descente au fond du ravin ; halte au pied de la tour de Cessens, sur les bords du ruisseau cascadant dans son lit de pierres polies ; rêverie au poste, sur un tapis de cyclamens, à l'ombre des châtaigners touffus ; puis hallali joyeux des chiens au lancer...

Vite, vite, aux armes ! La meute se rapproche, les aboiements se font plus précipités, plus haletants... Enfin, le lièvre est là, il *déboule* au fond de la clairière... En joue ! Feu !... Un de plus dans le carnier de l'heureux chasseur.

Civets et pâtés de gibier foisonnent sur la table paternelle : et la vieille Louise, à l'office, bénit l'adresse de M. Anthelme. Quand il est à la maison, le boucher peut se mettre en grève, et la viande coûte aujourd'hui si cher, alors qu'autrefois on l'avait à si bon marché !...

C'était aussi, pour varier les menus et suivant les jours, la chasse en grandes bottes, dans les marais giboyeux d'Albens, les massacres de rois de cailles, de bécassines et de matras ; les longs et plantureux repas arrosés des dernières bouteilles survivantes des vieux crus savoyards, du temps où cette peste de phylloxera n'avait pas encore réduit les vignerons à la misère...

Puis les réunions joyeuses de l'automne, les camarades amenés par un bon vent ; les promenades en caravane sur les sommets voisins, les gais propos, les récits d'aventures au collège, à l'école, au régiment, l'histoire des farces au pion, des brimades au conscrit et de l'obésité croissante du gros major ; charme des soirées pas longues, car on se couche tôt à la campagne. La neuvième heure sonnait d'ordinaire l'extinction des feux, et l'on s'endormait bien vite, d'un sommeil de plomb, pour recommencer le lendemain.

Comme il eût fait bon vivre et mourir là !... Vivre de la vie tranquille et sans secousses, mourir d'une mort douce comme un déclin de soleil aux soirs d'automne, puis être enseveli au tombeau de famille, à l'ombre du clocher et de la croix !

Mais allez parler de cela à un soldat qui a le diable au corps et pour qui le métier prime tout !... La hantise du Niger l'emportait chez lui sur la fascination des Alpes natales...

Aussi, revenu à Toulon, Anthelme piétinait-il sur place, navré comme une recrue à ses premiers exercices, et furieux, ne décolérant pas quand, de la rade, il voyait s'éloigner, bondés d'heureux *lascars* plus favorisés que lui, les transports chauffant, qui pour la Tunisie, qui pour le Tonkin, qui pour le Sénégal...

Ne pourrait-il donc jamais sortir de ce trou où il essayait de s'étourdir pour tromper son ennui ? Ces immensités bleues sont si attrayantes ! Et puis, au delà, bien loin, que n'y avait-il pas ? Des pays nouveaux, l'inconnu, le désert, des forêts vierges, la *brousse*, des noirs hideux... et la gloire rayonnante ! La mort ? Est-ce qu'on y pense à vingt ans ?... Eh bien ! oui, même la mort, s'il plaît à Dieu, pourvu que ce soit, non pas dans un lit d'hôpital, ni sur un bûcher de sauvages, mais d'une balle, en plein cœur, à la tête de ses *marsouins* et face à l'ennemi.

V

Anthelme en eut-il le secret pressentiment lorsque, le 20 août 1890, il reçut la bonne, la grande nouvelle ?... Enfin la mauvaise fortune était conjurée. Il venait d'être désigné pour le Soudan. Le rêve allait devenir une réalité.

L'ordre de départ est arrivé : sa lettre de service l'appelle au commandement du cercle (1) de Bamako (2), sur le Niger.

Le jour même, il écrit à sa mère...

Chose curieuse et touchante, c'est à leur mère que les soldats aiment à écrire aux jours heureux

(1) Les territoires du Soudan français se divisent, on le sait, en pays *protégés* et en pays *annexés*. Les pays annexés, soumis à un protectorat plus effectif, sont divisés *en cercles;* à la tête de chacun desquels est placé soit un *commandant,* soit un *résident,* avec le grade de *capitaine* ou de *lieutenant.*

(2) Le cercle de *Bamako* comprend le territoire du *Bélédongou.* Les postes qui en dépendent sont ceux de *Bamako,* de *Nyamina* et de *Kangaba. Bamako* est à 1.465 kilomètres de Saint-Louis.

comme aux heures sombres, où les natures 'es mieux trempées subissent une sorte de défaillance. La nuit, postés en sentinelle perdue, quand la mort les guette, invisible et mystérieuse, tapie le long des *brousses* riveraines, c'est à leur mère qu'ils se prennent à songer et c'est bien aux cieux que leur âme s'élève en invoquant l'ange terrestre que Dieu a mis de garde auprès du berceau.

Pour le moment, le lieutenant est ravi. Il supprime d'un trait l'Océan, la traversée. Il se voit déjà arrivé. Il suit sur la carte les étapes de son prochain voyage dans le continent noir. De Saint-Louis, sur la côte, le voici qui remonte le Sénégal ; puis il en abandonne bien vite le bassin pour descendre dans celui du Niger et aller prendre possession de sa principauté :

Toulon, 20 août.

... Je ferai un voyage magnifique. J'arrive heureusement à Dakar pour la bonne saison. Là, je serai embarqué sur un aviso et remonterai le Sénégal jusqu'aux rapides à Kayes, d'où je n'aurai plus que trente jours de marche à cheval (900 kilomètres), à travers un pays splendide, pour arriver jusqu'à Bamako. J'aurai à surveiller les postes du Niger jusqu'à Ségou-Sikoro (1) et à instruire les troupes amies du roi Samory. Je suis enchanté d'avoir ce poste qui est

(1) Autre cercle du Soudan français, en aval de Bamako sur le Niger, dans la direction de *Tombouctou.*

un des plus jolis du Sénégal, d'autant plus que je
pourrai être appelé à explorer le pays des Baninkos,
qui est encore inconnu.

Voilà bien le langage d'un soldat au comble
de ses vœux : le Niger, Ségou-Sikoro, Samory,
les Baninkos..., que demander de plus? Pourtant, une ombre de tristesse vient estomper ce
ciel où rayonne tant d'enthousiasme : il pense au
camarade mort au Tonkin, dont la croix d'honneur a été brisée par une balle ennemie :

Et cependant, je n'ai pas bien le cœur à la joie ;
d'abord le regret de m'éloigner de vous tous, puis la
mort de mon pauvre Margaine. Il sortait de l'hôpital;
sa blessure étant guérie, il a voulu reprendre immédiatement son service ; il a été détaché dans un poste
aux environs d'Hong-Hoa, au nord du Tonkin : il
était seul avec sa section de cinquante hommes, et il
a été attaqué par une bande de deux mille irréguliers.

Il a résisté pendant trois jours, et, au moment où
les secours arrivaient, il a été tué de deux balles dans
la tête et dans la poitrine. Il avait reçu, pendant ces
trois jours, quatorze blessures et avait continué à
diriger le feu. Je suis bien triste d'avoir perdu cet
ami, qui est le meilleur que j'aie eu ; il avait été décoré
et nommé lieutenant lors de sa première blessure. Sa
croix, brisée par la balle qui l'a tué, a été deman-
dée par le colonel, pour être placée dans la salle
d'honneur. Le préfet maritime a fait paraître un
ordre à lire aux troupes, le donnant comme exemple
de courage et de dévouement au drapeau.

En retraçant ainsi la glorieuse histoire de son camarade Margaine, le *marsouin* ne tirait-il point, trait pour trait, l'horoscope de sa propre destinée ?

Le voici donc à la veille de partir pour le Soudan !

A Saint-Cyr, Anthelme avait voyagé plus d'une fois, en imagination, dans ces pays inexplorés, vers lesquels se dirige, depuis le quatorzième siècle, le mouvement d'expansion coloniale de la France. Distrait parfois, le regard perdu dans le vide, sûr, grâce à la vivacité de son intelligence, de regagner d'un bond le chemin parcouru et de ressouder les fragments du cours, Anthelme était méconnaissable quand la leçon roulait sur les colonies. Les yeux sur la carte et les oreilles à la légende explicative, il n'en perdait pas un mot.

Durant ce temps, sa main, aussi alerte que celle d'un sténographe de la Chambre, recueillait avidement la bonne parole. Ses cahiers eussent pu servir de manuscrit pour une édition, revue, corrigée et considérablement augmentée, de géographie coloniale. Ceux-là ne l'avaient pas quitté dans sa vie de garnison. Il y revenait avec amour, entre deux étapes comme entre deux bals ou deux équipées.

Un soir donc, alors que son *fourbi* rangé par

son ordonnance attendait d'être transporté à la gare, Anthelme se trouvait seul dans sa chambre de sous-lieutenant, déjà vide, vide de la panoplie d'armes, des pipes culottées, des accessoires de cotillon, des photographies aimées ou des aquarelles de sujets militaires. Le Sénégalais se mit à relire avidement la leçon sur le Sénégal et le Soudan français.

Sur la table, une lampe... Illuminés par l'auréole circulaire projetée par l'abat-jour, se déroulaient les feuillets : le professeur y entraînait à sa suite les futurs conquérants vers les régions où le soleil est « un monstre », mais où il y a tant de gloire à acquérir.

Voyage avant la lettre, non dépourvu de charme pour lui qui eût voulu déjà l'entreprendre en chair et en os. L'imagination ne donne-t-elle pas aux objets toute l'illusion de la réalité ?

Or, la leçon, que le sous-lieutenant se parlait à lui-même, lui enseignait ceci :

VI

Jetez les yeux sur votre mappemonde.

Le long de la côte occidentale de l'Afrique, aux bords de l'Océan atlantique, enserrée entre le Sahara, au nord, et la Guinée, au sud, il y a une première région qui s'appelle le Sénégal. Celle-ci va se fondre, dans la direction du nord-ouest au sud-est, à l'intérieur des terres, avec le Soudan.

Nous avons, nous autres Français, pris pied sur les rives du Sénégal depuis le quatorzième siècle.

Jusqu'en 1758, des compagnies privilégiées exploitèrent les quelques établissements qui s'y étaient formés en se livrant principalement à la traite des noirs. Alternativement entre nos mains et au pouvoir des Anglais dans la dernière moitié du dix-huitième siècle et au commencement du dix-neuvième, le Sénégal nous fut rendu en 1817, et la *Méduse* y amena les fonctionnaires et les troupes qui en prirent possession au nom de la France.

Nous y végétâmes de 1817 à 1854.

Il était réservé à Faidherbe de constituer véritablement cette partie devenue si importante de notre empire colonial. On ne changeait pas alors de gouverneurs comme de ministères. Faidherbe administra le Sénégal durant onze ans, de 1854 à 1865. Il put ainsi animer son œuvre de l'esprit de suite qui en assura le succès.

Le voyez-vous plantant toujours plus avant, sur les bords du fleuve Sénégal, ce drapeau tricolore qu'il devait défendre, en 1870, avec tant de valeur et de science stratégique à l'armée du Nord?... Voici les environs de Saint-Louis purgés des bandes qui les rançonnent et les terrorisent ; les Maures sont expulsés du Oualo, du Cayor et du Djolof, pourchassés jusqu'en plein Sahara et amenés à signer avec la France des traités qui assurent notre domination sur le bas fleuve.

Tranquille de ce côté, Faidherbe remonte le haut fleuve et entreprend son mouvement de pénétration à l'intérieur. Le poste de Médine est construit sur les bords du Falémé, l'un des affluents du Sénégal.

Nous rencontrons alors, voulant nous barrer

la route, un marabout toucouleur (1), originaire
du Fouta sénégalais, Omar le Pèlerin (El-Hadj-
Omar). Au retour d'un pèlerinage à la Mecque,
il essaie de nous prendre à revers, soulève contre
nous le Fouta, le Boundou et le Khasso et, à la
tête d'une armée de vingt mille noirs aguerris et
fanatisés, vient mettre siège devant Médine.

Ce poste avait pour commandant un mulâtre,
Paul Holl, dont l'intelligence égalait l'énergie.
Ce vaillant soldat, de la race et de la trempe du
général Dodds, sut, avec une poignée d'hommes,
huit soldats blancs et quarante noirs, résister
pendant quatre-vingt dix-sept jours aux assauts
les plus furieux : le gouverneur, accouru à son
secours après avoir dompté les rapides du Sénégal en surchauffant les chaudières de ses bateaux
à vapeur, vint dégager la petite troupe et infliger
une sanglante défaite à l'armée du prophète.

Omar se retira prestement et, jugeant plus
prudent de ne pas continuer la lutte avec « ces

(1) Le Sénégal et le Soudan sont peuplés par différentes
races : *race blanche* se subdivisant en *race berbère* et en *race
arabe*; — *race peulhe*; — *race noire*, comprenant la *race onelof-
sévère*, la race *mossi*, la race *mandé* ou *mandingue*, à laquelle
appartiennent les *Bambaras*, les *Malinkés*, les *Sonninkés* ou
Sarakolés, etc.

Les Peulhs sont d'un brun rougeâtre ; les cheveux sont à
peine laineux. Mélangés avec les noirs, leurs voisins ou leurs
captifs, si, dans ce mélange, l'élément noir domine, ils
prennent le nom de *Toucouleurs* (de *Toukousor*, nom de l'ancien Fouta sénégalais).

chiens de chrétiens » et leurs acolytes, il s'en
alla guerroyer dans l'est contre les fétichistes.
Assiégé dans Hamdallahi par les Bambaras
insurgés et au moment de succomber, il s'assit
tranquillement sur un baril de poudre et donna
l'ordre à un de ses lieutenants d'y mettre le feu.

C'était en 1861.

Le programme tracé par Faidherbe est alors
pleinement accompli.

En cinq ans, le Dimar, le Toro, le Damga, le
royaume de Saloum, la Casamance et la Mellaco-
rée, soit toute la région encadrée entre l'Océan et
la rive droite du Sénégal, ont été soumis au protectorat de la France. Les villages de Dagana,
Bakel, Sénoudébou, N'Diaga, Gaé, Réfo, Bokol,
ont été annexés à son territoire. Un chemin de
fer, courant le long de la côte, va maintenant
relier Saint-Louis à Dakar, et les explorateurs,
pourvus d'une base d'opérations et d'un centre de
ravitaillement, pourront désormais frayer la
route aux colonnes expéditionnaires à travers
les régions encore inconnues du Soudan occi-
dental et du Sahara.

VII

Le lieutenant, continuant la leçon après une
pause, voit alors s'élaborer cette œuvre lente,
patiente, de la conquête des terres au centre de
l'Afrique : tant d'héroïsme obscur y a été déployé
depuis bientôt un demi-siècle !

En 1860, c'est le lieutenant Lambert, le prédé-
cesseur du docteur Bayol, qui explore le Fouta-
Djallon et y conclut des traités au nom de la
France.

Puis voici, en 1864, Mage et le Dr Quintin qui
vont à Ségou, auprès du sultan Ahmadou, le
fils du terrible El-Hadj, et y étudient la ligne qui
reliera les établissements du haut Sénégal au
haut Niger et spécialement avec Bamako.

Après onze ans d'accalmie, le mouvement d'expansion reprend de plus belle, à partir de 1876,
sous l'impulsion du colonel Brière de l'Isle.
Viennent tout d'abord la mission Gallieni, en

1879 ; puis les campagnes du colonel Borgnis-Desbordes, de 1880 à 1883 ; celles du lieutenant-colonel Boilève et du commandant Combes, de 1883 à 1885 ; celles du colonel Frey, en 1885-1886 ; celles enfin du colonel Gallieni, de 1886 à 1888. Chacune marque un pas en avant vers le haut Niger. Des postes sont établis à Bafoulabé, à Badombé, à Kita, à Bamako, à Nyamina, à Koundou, à Niagossola, et, le 1er juillet 1887, le commandant Caron, sur la canonnière *le Niger*, va déployer le drapeau tricolore en vue de Tombouctou...

En suivant sur la carte ces triomphantes étapes, le lieutenant se disait : « Me voilà gouverneur, moi aussi, et gouverneur de Bamako ! »

Puis il reprenait la revue de tous les glorieux souvenirs dont, bien souvent, il s'était délecté à la bibliothèque du cercle militaire, dans les revues spéciales ou les récits du *Tour du Monde*.

En 1888, Archinard, son futur chef, entre en scène. Simple commandant, il enlève, au cours de sa première campagne, la forteresse toucouleure de *Koundian*, de façon à couper toute communication entre Nioro, le quartier général du roi Ahmadou, et le Dinguiray, où son frère Aguibou campe avec une armée.

Quant à lui, Archinard, il s'installe à Kayes, parlemente avec les Bambaras du Bélédougou pour s'en faire des auxiliaires, tient en respect les Toucouleurs du Fouta-Djalon et du Dinguiray, et traite avec Samory, qui lui abandonne le territoire de la rive gauche du Niger, au sud de Tankisso.

Voici le grand coup porté au sultan Ahmadou, dont les bandes dévastaient les possessions françaises et inquiétaient les caravanes.

Ahmadou, aussi mou que son nom et fort peu belliqueux de sa nature, laissait cependant ses *sofas* et ses *talibés* violer à qui mieux mieux nos territoires. Ils poussaient l'audace jusqu'à venir piller à une portée de fusil, dans le rayon de nos postes, à Kayes et à Médine.

Le commandant avertit à plusieurs reprises le sultan, lui offrant de régler à l'amiable la délimitation de la ligne frontière. Ahmadou répondit d'une façon hautaine et insolente en refusant de reconnaître aux Français le droit de parler de délimitation, alors qu'ils n'étaient que « des commerçants de passage ».

La force seule pouvait mettre le prophète à la raison. Il était urgent, d'autre part, de rétablir en terre ferme et sur le Niger la liberté de la circulation, incessamment entravée par les razzias des Toucouleurs.

Le 13 février 1890, une colonne volante part de Longton sous Médine.

Cette petite armée, qui entreprenait la conquête d'un empire, se composait de 742 combattants, dont 103 Européens, et de 574 non-combattants, dont un Européen. Les combattants comprenaient : 13 fonctionnaires de l'état-major, des services administratifs ou sanitaires ; 30 spahis sénégalais ; 135 anciens tirailleurs ; des artilleurs, tant noirs que blancs, desservant un mortier de 15, deux pièces de 95 de campagne, deux pièces de 80 et quatre pièces de 5 de montagne.

A ces troupes régulières étaient adjoints en qualité d'auxiliaires 338 cavaliers, 728 fantassins et bambaras, plus les irréguliers de Mari-Diara, héritier des anciens rois de Ségou, et enfin 818 porteurs sénégalais.

La colonne remonte la rive gauche du Niger. Le 6 avril 1890, après quarante-quatre jours de marche, elle arrive en vue de *Ségou-Sikoro*, la capitale d'Ahmadou. Plantée sur la rive droite, la ville noire présente une ceinture imposante de murailles et de tours ; à l'intérieur, Madani, le fils d'Ahmadou, a pris, en l'absence de son père, le commandement de la place. Il ne le conserve pas longtemps ; car, aux premiers obus lancés par notre artillerie, il décampe prestement. Les *somonos* (1)

____

(1) Pêcheurs.

du village voisin viennent avertir le commandant de la colonne que les portes de la ville sont ouvertes. On l'occupe sans coup férir. On prend possession des *diomfoutous* d'El-Hadj-Omar, d'Ahmadou et de Madani. On capture le harem qui se laisse emmener sans résistance et on met la main sur le trésor, qui ne comprend guère plus de 250.000 francs en monnaies, lingots ou bijoux.

Cette conquête eut un retentissement prodigieux au sein des populations bambaras : elle rallia les indécis, paralysa les tribus hostiles, détruisit le prestige des Toucouleurs et assura la liberté de la navigation du Niger au Macina.

La conquête fut immédiatement organisée. Un *fama* (1) ami reçut le pouvoir sous le protectorat d'un résident. Pour détruire à jamais la puissance d'Ahmadou, le vainqueur se dirigea sans désemparer vers le *tata* d'Ouossébougou, forteresse avancée où le roi noir s'était réfugié, sur les limites du Kaarta et du Bélédougou. Archinard s'en empara après un sanglant combat de deux jours.

Voici les hauts faits qu'Anthelme a lus et qui exaltent son imagination.

Au moment où le jeune officier va s'embar-

(1) **Chef de tribu.**

quer pour rejoindre la colonne Archinard, Ahmadou a perdu sa capitale, son harem, ses trésors, la plupart des provinces, et les plus considérables, de son empire; il lui faut tenter un dernier effort ou mourir. Son objectif sera Koniakary, qu'il veut reprendre. La lutte va donc continuer; c'est bien ainsi sur le haut Niger que notre Sénégalais ira faire ses premières armes.

VIII

Ma chère Mère,

. J'attends une courte permission pour aller vous embrasser une dernière fois comme je vous aime.

ANTHELME.

Arrivé le 26 août à Pégy, il en repartait le 28.

Ce que fut ce départ, toutes les mères le devinent. Lui, ému quoique heureux de partir, ému de quitter, peut-être pour toujours, la famille et le pays natal. Ceux qui restaient, partagés entre la douleur qui tenaillait leur âme et la crainte de la laisser trop paraître.

Lorsque, au détour du chemin, le voyageur se retourna pour revoir encore la maison de Pégy, où s'était écoulée son enfance, si fortement trempé qu'il fût, il ne sut retenir une larme en apercevant le mouchoir blanc qui s'agitait à la fenêtre du premier étage en signe d'adieu.

C'était sa mère qui le saluait ainsi.

Une heure après, à la station prochaine, le train s'ébranlait. Tandis que, la cigarette aux lèvres, penché à la portière, Anthelme regardait une dernière fois le coteau qui s'enfuyait, la fumée de la cheminée montant tout droit dans le crépuscule et annonçant les préparatifs du repas du soir, une femme priait à l'église, seule dans la pénombre, et de son cœur oppressé montait cette prière :

« O Christ de ceux qui souffrent, ô Vierge calme et blanche, protégez-le au milieu des dangers : rendez-moi mon enfant ! »

Lui, insouciant, avait poursuivi sa route, n'oubliant rien de ce qu'il laissait derrière lui, mais buvant, avec la soif de ses vingt ans, les horizons inconnus vers lesquels il s'élançait à toute vapeur.

Le 4 septembre, Anthelme est à Bordeaux. Le 5, il s'embarque et, du bord, il écrit :

Paquebot de la Plata, 7 septembre 1890.

Ma chère mère,

Voici deux jours que je suis parti de Bordeaux ; nous arriverons probablement ce soir à Lisbonne,

où nous passerons la journée de demain. Nous
sommes plusieurs officiers à bord, capitaines ou lieutenants, ce qui n'empêche que je suis resté chef
du détachement de légionnaires que j'emmène à
Dakar (1). Les préparatifs d'embarquement de mes
cent vingt *lapins* m'ont fort occupé ; nous avons pris,
le vendredi matin, à sept heures, un grand remorqueur qui nous a conduits à Pauillac, où le paquebot était amarré.

Nous avons passé presque toute la journée en
installation, si bien que nous n'avons levé l'ancre
que le soir vers six heures pendant que nous dî-
nions.

La vie à bord fournit au lieutenant l'occasion
d'un dernier regain de mondanité et le sujet
d'une peinture charmante. Les journées s'é-
coulent rapides et si agréablement remplies
qu'il se prend maintenant à redouter d'arriver
trop tôt :

Le bateau est remarquablement luxueux. Tout est
luisant, éblouissant : c'est une grande hélice de cent
cinquante mètres de long sur quinze mètres de large.
Je suis bien installé dans une excellente cabine avec
deux capitaines d'infanterie et un lieutenant d'artillerie.

La salle à manger, qui est à l'arrière-entrepont

(1) La traversée de Bordeaux à Dakar se fait habituellement en huit jours. Dakar est situé entre le 14° et le 15°
degré de latitude nord, au delà du cap Vert, sur les côtes
du Sénégal.

et sert en même temps de salon, est une pièce immense de quarante mètres de long, splendidement décorée avec tableaux, lustres, ornements de tous genres ; le soir, tout resplendit sous la lumière électrique qui éclaire tout le paquebot. Même confortable dans la bibliothèque. Le commandant nous a expliqué que, malgré tout ce luxe et la modicité des prix de transport, la Compagnie gagnait cependant beaucoup, plus de la moitié des passagers ayant le mal de mer et ne mangeant rien. J'ai bien ri de la tête de tous ceux qui, sans vergogne, se livraient à leurs horribles grimaces ; pour moi, je n'ai rien eu du tout, pas le moindre malaise.

Il y a environ cinq cents passagers à bord, beaucoup de dames de tous genres, Espagnoles et Anglaises, des Américaines, énormément de Brésiliennes et d'Argentines. Tous les soirs nous dansons. Pour après-demain nous préparons un cotillon qui sera merveilleux ; rien ne manque, pas même les invitations artistiques gravées à bord. On ne s'ennuie pas, les divertissements abondent et je regrette que ma traversée ne doive durer que huit jours.

Je pense que je pourrai encore vous écrire des Açores, où cependant nous ne toucherons pas, si le mauvais temps arrive. Jusqu'ici soleil magnifique, mais mer houleuse.

Adieu, ma chère mère, mon cher père, je vous embrasse bien et je vous aime. Transmettez toute mon affection à tous les nôtres.

A***.

IX

En vue de la terre... Dakar se profile à l'horizon.

De loin, à quelques milles, cela a l'air d'un port de belle venue et d'un engageant aspect, qui repose de la monotonie de l'immensité bleue. La rade, superbe, avec ses deux jetées, dont l'une a six cents mètres de longueur, est peuplée de navires au long cours : tous ceux faisant route d'Europe vers le sud de l'Afrique et de l'Amérique y font escale. Les passagers de *La Plata* ont hâte de mettre pied à terre ; mais c'est, à la moderne, le supplice de Tantale au milieu des eaux. Il va falloir subir la quarantaine ; le lieutenant la trouve... mauvaise et longue.

Tout a heureusement une fin, même la quarantaine.

Le 13 septembre, il se met à écrire ses impressions, au jour le jour. Laissons-le parler : il fait si bon l'entendre, avec sa belle humeur, formuler de piquantes observations dans un style alerte et nullement recherché, bien *français,* bien *soldat :*

Dakar, 13 septembre 1890.

Ma chère mère,

Je t'ai envoyé ma dernière lettre de Lisbonne, pensant que j'aurais le temps le soir de t'écrire de nouveau, mais nous sommes repartis après deux heures d'arrêt. Nous avons eu bien juste le temps de parcourir la ville en fiacre. C'est laid, c'est malpropre. Il y fait une chaleur étouffante, et la rade ne vaut pas celle de Toulon. Nous sommes repartis lundi à midi, et la petite vie de bord a recommencé calme et monotone. Nous dansions à peu près tous les soirs, quand ces dames n'avaient pas le mal de mer, ou bien il y avait grand concert... Enfin le temps passait.

A mesure qu'on descend vers le sud, la chaleur augmente avec rapidité ; aussi les nuits se passent-elles en général sur le pont, les cabines devenant inhabitables. Nous avons longé Madère sans nous y arrêter, et, ce matin, vers une heure, nous sommes entrés dans la rade de Dakar.

Ici, le spectacle change. Il pleut, il ne fait pas trop chaud ; mais quelle humidité! Tout suinte, tout est mouillé, mon sabre est tout rouge. Vers six heures, nous voyons arriver une flotte de petits moricauds, montés sur des pirogues pointues, piaillant, beuglant, se disputant, réclamant des petits sous, qu'on jette à l'eau. Aussitôt toute la bande plonge, s'ébat, reparaît et recommence à piauler. Quels sales petits singes !

Le lieutenant préfère pourtant les « sales petits singes » noirs au médecin blanc, messager et ordonnateur implacable de cette maudite quarantaine :

Vers neuf heures, le service de santé arrive à bord et déclare que, comme nous avons touché à Lisbonne et que le choléra pourrait y être, nous allons faire une petite quarantaine de quinze jours au lazaret.

Ça, c'est un comble ! on arrive de France et on vous met en quarantaine pour que vous n'apportiez pas des maladies au Sénégal !...

Le départ du bord donne lieu à une petite manifestation patriotique sobrement et chaleureusement racontée :

Donc, nous quittons le bateau vers dix heures sur des chaloupes et nous voilà partis pour le lazaret qui se trouve à trois kilomètres de Dakar, sur la pointe en face de la pleine mer. Tous les passagers de *la Plata* nous font une petite manifestation sympathique. Je fais sonner au drapeau par nos clairons, on nous couvre de vœux et de cris d'adieux. Quelques dames, — des étrangères naturellement, — clament « Vive la France ! » : c'est émouvant ! Puis, je fais embarquer mes disciplinaires par la coupée de l'avant et j'en suis débarrassé, deux de leurs officiers étant venus les chercher.

L'internement débute par une *prise de bec* assez vive ; les internés montrent les dents, le service de santé capitule :

Nous voilà au lazaret : un médecin nous reçoit à travers la grille, indique au gouverneur où il doit aller, puis dit : « Les dames à la quarantaine ! les messieurs à la quarantaine ! » et le guichet se referme. Nous la trouvons... violente, et le capitaine d'artillerie qui est avec nous se met à invectiver ledit médecin qui avait l'air de nous considérer comme des pestiférés. Comme rien n'y faisait, nous proposons à haute voix de retourner à Dakar. Cette menace produit son effet, et le médecin, redevenu poli comme par enchantement, se décide à nous accompagner lui-même pour nous montrer nos logements.

Je suis maintenant installé dans une grande chambre, avec le capitaine d'artillerie ; nous avons de bons lits, des moustiquaires, une terrasse tout autour de la maison qui ne contient d'ailleurs que notre seule pièce. Tout autour, un terrain vague enclos de planches, comme toutes les autres habitations du lazaret : on a l'air d'être parqués ainsi que des chevaux...

Mais, si le lieutenant est « parqué » comme un simple quadrupède, ses yeux d'artiste peuvent tout au moins, en pleine liberté, fouiller le panorama de Nuremberg qui se déroule en vue de son observatoire :

Comme nous sommes sur une espèce d'éminence, on découvre bien toute la rade, Dakar, puis Gorée. C'est maintenant très vert et très joli : de petites maisons en terrasse partout, de petits jardins, de petits arbres, tout est en miniature : on dirait un paysage de papier mâché sur lequel on aurait posé

une bergerie d'enfant et des arbres plantés dans de
la mousse de laine.

Au fond de la rade, on aperçoit l'île de Gorée;
c'est un rocher couvert de maisons et dominé par la
Grande-Batterie, plutôt laid comme aspect. C'est jusqu'à présent tout ce que j'ai vu du pays. Il n'y fait
pas mauvais, la saison des pluies touche à sa fin ;
nous pourrons remonter dans le haut fleuve, sitôt arrivés à Saint-Louis. En attendant, nous ne sommes pas
mal. Nous sommes servis par deux noirs, Ali-Cao et
Modi-Djallon, qui me font tordre chaque fois que je
les vois. Chaque fois que nous les appelons, ils se
précipitent à genoux, poussent des *gutturalions*
effrayantes, puis se disputent à qui arrivera le premier...

Deux jours ont passé, deux jours d'une longueur mortelle, grâce à la monotonie des heures
et au supplice de l'inaction. L'officier de tirailleurs écrit ses impressions à la façon du *Voyage
autour de ma chambre* de son compatriote Xavier de Maistre, l'ancien lieutenant au régiment
de la Marine (1) ; mais il n'a pas, lui, des sujets
aussi agréables à traiter :

Lundi 15 septembre.

Voici deux jours déjà que nous sommes enfermés dans cette usine, et je commence à m'ennuyer

(1) Un régiment d'infanterie de l'armée sarde portant le
nom de *la Marine*. Xavier de Maistre y était officier quand
il écrivit son petit chef-d'œuvre, durant une quarantaine
d'arrêts forcés qu'il dut subir à la suite d'un duel.

furieusement : rien à faire toute la journée qu'à regarder voler les vautours et tomber la pluie ; rien à faire le soir qu'à se garer des insectes de toute sorte qui pullulent et fourmillent d'une façon extraordinaire.

Le premier jour, nous avons dîné sur la terrasse et allumé des bougies, nous n'avons pas pu terminer. Jamais je n'ai vu une pareille invasion de bêtes invraisemblables ; depuis les fourmis ailées jusqu'à de grosses bêtes noires, longues comme la main, qui venaient sans vergogne barboter dans nos plats et dans nos verres. Nous avons été forcés de leur laisser notre dîner. La nuit, en revanche, elles nous ont laissés tranquilles et nous avons parfaitement dormi.

Il ne fait pas chaud du tout, c'est encore *un tuyau* que le soleil du Sénégal. Aujourd'hui maximum 29° à l'ombre ; il est vrai que c'est assez pénible à supporter à cause de l'humidité, mais on n'en souffre pas trop. Quand je serai dans l'intérieur, ce sera autre chose et je pourrai suer en toute liberté ! Voilà Ali-Cao qui vient me dire : *Lieutenant, y na dinér, Cavano faire nuit plus tard.* — A tout à l'heure !...

Nous venons de très bien dîner, le menu vaut presque celui de la Villa des Fleurs (1) ; mais c'est égal, on s'ennuie, nous sommes absolument en prison. Les officiers de Dakar qui viennent nous voir restent à longueur de gaffe. Je pense que, le 17, on nous mettra poliment à la porte, car il arrive un paquebot ce jour-là, et comme il n'y a plus de place ici, il faudra en faire pour les passagers nouveaux. Je n'y vois plus, et comme la chandelle attire les petites bêtes, je vous souhaite une bonne nuit...

(1) Le casino d'Aix-les-Bains.

Si le souhait du marsouin s'est réalisé au pied des Alpes, la nuit, à Dakar, a été plutôt agitée ; mais est-ce une raison pour que sa bonne humeur s'envole ? Écoutons la réponse :

Mardi matin.

Tornade cette nuit, très joli. J'ai cru que la baraque s'en allait. Comme nous sommes sur un cap en pleine mer et un peu élevé, la place est très bonne pour recevoir tout ce qui tombe. Cette fois, je crois que les récits divers sont restés au-dessous de la vérité. Vous n'avez pas idée de ce coup de vent : tonnerre, pluie, éclairs, rien n'y manque. Il tombe des paquets d'eau agglomérée avec une telle violence qu'on croirait réellement être sous une cataracte, et les coups de foudre vont si fort que les oreilles en tintent : c'est Ida (1) qui n'aimerait pas ça !

Notre cour est fermée de trois côtés par des murs et du quatrième par une cloison en planches ; au bout d'une heure de pluie, il y avait plus de cinquante centimètres d'eau partout. Modi et Ali s'en allaient à la dérive en implorant Allah ! Si vous aviez vu ces deux morceaux de charbon faisant des mines effarées et roulant des yeux en boules de loto, vous auriez trop ri : pour moi, j'en ai failli m'étrangler.

Ce matin, le soleil brille et on ne se douterait pas du tout que nous avons eu ce gros orage cette nuit. Il ne fait d'ailleurs pas trop chaud. La température se maintient très également entre 27° et 29°, ce n'est pas trop gênant. Je ne vois plus rien d'intéressant à vous narrer, je continuerai cette lettre demain à Dakar où

____

(1) La sœur du jeune officier.

j'espère qu'on nous fera passer la journée pour partir
après-demain matin.

La captivité touche heureusement à sa fin ;
aussi avec quel soupir de satisfaction le lieutenant écrit-il, le 21 septembre :

Enfin, nous voilà sortis du lazaret après huit jours
de prison ! Nous sommes arrivés à Dakar ce matin,
et tout me semble charmant par comparaison. Ce
n'est cependant qu'une triste petite ville de commerce. Absolument rien de remarquable ; le village
noir entoure la ville, il est composé de petites ca-
hutes en paille, puantes, noires, où tout un monde
de sauvages grouille à plaisir.

Les officiers de la garnison nous ont fort bien reçus et nous ont offert une large hospitalité dans leur
maison, fort bel édifice sur le bord de la mer, bien
aéré, chambres larges et hautes ; ils sont très bien
installés.

Le gouverneur a passé l'inspection des notabilités
de l'endroit. Grande réception, coups de canon, discours. L'ex-roi de Dakar est venu en grande pompe
présenter ses souhaits au grand *Boummdar* ; c'est
un vieux singe, habillé en amiral anglais, tenant
d'une main un grand sabre et de l'autre une théière ;
il était suivi de tous ses ministres, aussi laids que lui
et portant des uniformes grotesques, mais colorés.
Ce vieux sapajou est entretenu par la France, à raison de deux cents francs par mois...

Pour occuper son après-midi, heureux d'avoir
repris sa liberté de locomotion, Anthelme va

visiter l'île de Gorée : il la décrit au retour avec le talent qui lui est propre de fixer en quelques traits rapides la physionomie des lieux qu'il traverse :

Cet après-midi, je suis allé visiter Gorée. Là, tout est curieux ; c'est une espèce de rocher planté en pleine mer et absolument couvert de maisons mauresques ou d'une architecture aussi bizarre qu'orientale. Le tout est dominé par le castel, vieux fort de construction portugaise, qui a fort bon air, ma foi ! avec ses murs de cent pieds de haut et ses vieilles pièces de canon dirigées sur la rade.

A Gorée, tous les habitants sont noirs. Le seul blanc est le capitaine commandant le fort, et le pauvre en est réduit, pour s'occuper, à essayer de faire pousser quelques plants de salade, qui refusent, d'ailleurs, avec énergie, de dépasser de plus d'un centimètre le sable. J'en suis revenu dans un bateau-omnibus avec un tas de nègres puants qui ont failli m'asphyxier.

Demain, nous partons pour Saint-Louis, par train spécial, à l'usage du gouverneur; c'est une bonne chance pour nous, car le train sera bien installé et arrivera vers deux heures de l'après-midi. Je vous quitte donc jusqu'à Saint-Louis et vous souhaite une excellente nuit. Pour moi, je me porte comme le Pont-Neuf et mange comme un ogre.

X

« O civilisation, où ne vas-tu pas te nicher ? »
— Ainsi palabrait à la gare de Dakar, le 24 septembre, un loustic de la colonne.

Certains, venant d'Europe et même d'Algérie,
s'imaginaient devoir être transplantés de prime
abord en pleine brousse, en plein continent
noir : monde nouveau, radicalement différent du
nôtre, insoupçonné et insoupçonnable.

Et voici que jusqu'ici tout le monde y est vêtu
à la mode de Paris. Des rues tirées au cordeau,
des magasins, des quais, des poteaux et des
bureaux télégraphiques ; fi donc ! jusqu'à un
chemin de fer, oui, un vrai chemin de fer, avec
ses locomotives, ses fourgons, ses trois classes
réglementaires, ses employés chez lesquels le
casque colonial et le bronze du teint sont les
seuls sacrifices faits à la couleur locale.

De Dakar à Saint-Louis par Rufisque, il y a deux cent soixante-trois kilomètres. La voie ferrée est concédée à la Compagnie de construction des Batignolles pour quatre-vingt-neuf ans, avec faculté de rachat au profit de l'État, au bout de vingt-cinq années. Ce sont des Parisiens qui vont conduire les Sénégalais jusqu'à la lisière des grandes solitudes inexplorées. La devise du soldat n'est-elle pas de vivre au jour le jour et à la grâce de Dieu ? Anthelme se garde bien de ne pas la suivre les yeux fermés : il se laisse aller au courant des événements et s'écrie bravement aux heures difficiles : « Que le ciel me soit en aide ! »

Au moment du départ, il fait une tempête épouvantable ; mais, quand le train se met en marche, commodément installé dans son compartiment de première, le bras droit appuyé sur l'accoudoir, le voyageur se dit à part lui que tout se ressemble en ce monde et qu'un jour viendra où tous les continents, noir, jaune ou blanc, auront le même uniforme sinon les mêmes traits :

Comme je vous l'annonçais, je suis parti le 22 de Dakar, à six heures du matin, au plus beau moment d'une magnifique *tornado*. Heureusement que moi, pas bête, j'ai acheté un parapluie qui m'est de la plus grande utilité, malgré les moqueries de mes camarades. Je n'ai donc pas été mouillé et me suis embarqué triomphalement dans le train gouvernemental, qui nous a emmenés au milieu des hurlements de la population.

Ce train, bien aménagé, m'a permis de faire un bon somme sans avoir trop chaud, la pluie ayant rafraîchi l'atmosphère. Les wagons sont percés d'un bout à l'autre comme en Suisse, et on peut circuler sur les terrasses extérieures. J'en ai profité pour regarder le paysage qui n'est pas dépourvu d'un cachet d'originalité tout particulier. Le train file en pleine campagne, au milieu de végétations étranges, entre des rangées d'énormes baobabs (1) d'où s'envolent des oiseaux de toute espèce et de toute couleur, doués généralement d'une impudence rare et d'une voix aussi rauque que désagréable. De temps en temps, des villages nègres apparaissent, toujours les mêmes, avec leurs cases en paille, pointues, mal faites, aussi sales que celles de nos bons habitants de Pégy.

Quelques noirs, qui travaillent leur maïs ou leurs arachides dans un costume primitif, adressent des beuglements incohérents au train qui passe et se remettent mélancoliquement à gratter le sable. De temps en temps aussi, le train s'arrête au milieu d'un troupeau de zébus après en avoir, au préalable, écrasé deux ou trois. Ces petites exécutions ont le double résultat d'amuser les voyageurs et de faire pousser des gémissements lamentables et assez semblables au hululement de la chouette, au malheureux propriétaire qui en est pour ses frais de bœufs cassés.

Vers dix heures, nous arrivons à N'Dande, où un

____

(1) Le baobab d'Afrique est le plus gros des végétaux connus.

4

joli déjeuner, préparé dans une salle à manger pompeusement décorée, est offert par l'honnête Compagnie à M. le gouverneur et à MM. les officiers ; puis nous repartons, et après une bonne petite sieste, nous arrivons à Saint-Louis (1) vers deux heures et demie.

A la gare, toutes les troupes, toutes les autorités constituées sont venues recevoir le gouverneur. Nous grimpons dans le break des Sénégalais, et en route pour le camp des tirailleurs !

Chemin faisant, Anthelme jette un regard curieux sur la capitale de la Sénégambie dont il a lu jadis la description dans le *Roman d'un Spahi*.

Oui, — il n'a pas de peine à la reconnaître, — c'est bien la vieille cité blanche, plantée de rares palmiers jaunes... Une église, une mosquée, une tour, des maisons à la mauresque, endormies sous l'ardent soleil, comme ces villes portugaises qui bleuissaient jadis sur la côte du Congo, Saint-Paul et Saint-Philippe de Benguéla...

(1) Chef-lieu du gouvernement de la colonie, de la cour d'appel et de tous les services administratifs ; 25.000 habitants, dont 1.500 Européens, non compris la garnison et la population flottante. La garnison, placée sous le commandement d'un *colonel commandant supérieur*, comprend : un bataillon d'infanterie de marine, une batterie et demie d'artillerie de la marine, un détachement d'ouvriers d'artillerie, troupes venant de France ; plus un escadron de *spahis sénégalais*, formé par moitié de spahis européens détachés du 1er régiment d'Algérie et de spahis indigènes ; une compagnie de *conducteurs sénégalais* recrutés parmi les noirs et commandés par des officiers européens et indigènes.

La côte, basse et toujours droite, est inhospi-
talière comme celle du Sahara, et une éternelle
ligne de brisants en défend l'abord aux navires.
On aperçoit aussi ce que l'on n'avait pas vu du
large : d'immenses fourmilières humaines sur le
rivage, des milliers et des milliers de cases de
chaume, des huttes lilliputiennes aux toits pointus, où grouille une bizarre population nègre (1).

Ne dirait-on pas que le tirailleur s'est inspiré
de Pierre Loti, dans ce tableau expressif, brossé
à coups de pinceau vigoureux et nets ?

Vous savez que Saint-Louis est dans une île (2), au
milieu du fleuve, et que le camp est sur la lagune de
sable qui sépare le Sénégal de la mer ; il faut donc
traverser les ponts et toute la ville. J'ai pu voir de
cette façon tous les coins et recoins de la grande
ville : des maisons blanches sans toit, des terrasses
crénelées, de larges avenues plantées de cocotiers et
de palmiers, le tout se détachant sur un ciel bleu
sombre ; puis, au-dessous, des noirs et toujours des
noirs enveloppés dans de grands pagnes blancs, des
mouches dans du lait. Et de tout cela, une odeur
étrange, *sui generis*, se dégageant intense et vous
prenant à la gorge : voilà Saint-Louis.

Le camp N'Dar-Tonte se compose de trois grandes
maisons à terrasses et à vérandas, logements des
blancs, et de paillotes plantées dans le sable, le tout
entouré d'une belle grille en fer. Nos tirailleurs ha-

(1) *Le Roman d'un Spahi*, page 4.
(2) A seize kilomètres de l'embouchure du **Sénégal.**

bitent dans le village nègre et ne viennent au camp
que pour les exercices. Là, je me suis installé dans
une grande chambre meublée très succinctement et
j'attends le moment de monter dans le haut fleuve.

Quand le colonel Archinard arrivera, c'est-à-dire
le 28, je pense que je ne serai pas loin de mon départ ;
il fera comme nous sa petite quarantaine, puis nous
partirons dans les régions inexplorées où je vais me
couvrir de gloire !

En attendant, c'est l'inaction, heureusement
coupée par quelques distractions mondaines et
par la chasse :

J'aurais bien pu partir seulement le 20 septembre,
car je n'ai encore rien fait depuis que je suis ici : mon
service consiste à me lever à neuf heures, à déjeuner
à dix, à causer tranquillement avec mes camarades
jusqu'à six, puis quelques visites à Mme Dodds, colonel, à Mme Colonna, commandant, etc., puis on dîne,
on jase et on se couche ; tout cela n'est pas très pénible.

Je vais presque tous les jours à la chasse, et ça ne
ressemble guère aux marais d'Albens. On tire des
vanneaux, des courlis gros comme des canards, des
canards gros comme des oies, puis des lièvres, des
gazelles, des sangliers, des iguanes, des caïmans ;
c'est le paradis terrestre ! J'ai tué un sanglier, hier
soir. Nous allons manger la hure ce matin. Je lui ai
collé une balle de fusil Gras dans la tête, il n'a pas
rebougé. C'est absolument merveilleux comme chasse.

Dimanche prochain, nous allons faire, avec un lieutenant et nos deux ordonnances, une grande expédi-

tion contre les panthères. Rassurez-vous, elles ne sont pas dangereuses du tout, et le difficile est de les approcher; je voudrais bien rapporter une peau.

Mais le commandant Archinard, qui était allé en France, vient d'en revenir, le 2 octobre, avec le grade de lieutenant-colonel. Il s'apprête à reprendre vigoureusement la suite des opérations contre Ahmadou. Son objectif est la prise de Nioro.

L'avant-garde partira dans quelques jours sous les ordres du commandant Ruault. Le colonel suivra à courte distance avec le reste de la colonne. Le rassemblement aura lieu à Kayes, et en avant la musique !

Anthelme ne peut contenir sa joie. Dans trois ou quatre jours, il filera « comme un zèbre » sur *la Cigale*, qui le mènera jusqu'à Kayes; et de là il entrera en campagne :

Maintenant je vais terminer tous mes préparatifs de départ et m'embarquer sans savoir exactement où je m'arrêterai. J'attendais bien une lettre de vous par le dernier courrier ; mais rien !...

Écrivez-moi quelques longs mots, j'en ai besoin, car on se sent loin ici. Tous les courriers vous porteront une lettre de moi ; mais, si vous restiez quelque temps sans en recevoir, il ne faudrait pas trop vous en étonner, car il arrive assez souvent qu'elles se perdent d'une façon ou de l'autre.

Dans vingt-trois mois, j'irai en France.

Adieu, je vous embrasse et vous aime.

4.

Cette fois, il n'y a pas à s'y tromper, on va voir du nouveau : la grande vie d'aventures commence. On éprouvera des sensations inédites dont ni les Alpes, ni Paris, ni Saint-Cyr, ni la rade de Toulon n'ont pu donner une idée.

Anthelme est impatient de les goûter.

Pourtant, au moment de mettre le pied sur le *rafiot* (1) avec lequel il va remonter le Sénégal, il se « sent loin », il pense au pays, il demande à sa mère de lui écrire longuement, à tous les courriers, et il se berce de l'espoir du retour...

(1) Transport.

XI

29 octobre. — Embarquement de la colonne...

Non, bien décidément, ce mode de locomotion
ne vaut pas le coquet chemin de fer de la Compagnie des Batignolles, et le loustic ne risque pas
une facétie nouvelle pour railler la civilisation...
Mille kilomètres à remonter, d'abord, jusqu'à
Matam, à bord des chaloupes. De là, le tirant
d'eau étant insuffisant, il faudra naviguer sur des
bateaux plats :

A mon départ de Saint-Louis, je suis monté sur
une espèce de remorqueur flanqué de chaque côté
d'un immense chaland à mulets, et en route pour le
haut fleuve ! Nous étions huit officiers à bord, et les
tirailleurs et les spahis étaient installés comme ils
pouvaient sur les mulets. La traversée a duré treize
jours : que le ciel vous préserve d'une pareille aventure ! Placés autour de la cheminée du bateau, le

soleil nous tapant en plein sur le nez à travers une double tente, nous jouissions généralement vers midi de quarante-cinq à quarante-huit degrés de chaleur ; mais les hommes étaient encore bien plus mal, ils n'étaient pas même en sûreté. L'un d'eux est tombé du chaland et, au moment où on stoppait pour le secourir, a été incontinent happé par un caïman qui se trouvait là comme par hasard.

L'inondation n'était pas terminée, ce qui fait que, jusqu'à Matam, on n'apercevait à perte de vue que de l'eau, de l'eau comme en pleine mer. Quelques pointes d'arbres indiquaient les rives, pas trop cependant, puisqu'un vapeur de commerce, *le Saint-Kilda*, est allé se coller à cinq cents mètres du bord, en plein dans un champ de mil, où il restera jusqu'après le jugement dernier. L'inondation de cette année est d'ailleurs tout à fait exceptionnelle.

Enfin, au bout de treize jours de navigation, la colonne débarque à Kayes, la capitale d'un vaste cercle qui comprend le Khasso, le Logo, le Niataga, le Diombotha, le Guidinala, le Kamera, le Niambia, le Sirimana, le Dentilia, le Langara et toute une série d'autres régions en *o* et en *a*.

Kayes est encore un pays civilisé. Sa population compte 4.000 habitants, y compris le « village de liberté (1) ». On y a créé un grand hôpi-

____

(1) On appelle ainsi des centres d'habitation établis sous le canon des forts de nos postes et qui servent d'asile à des fugitifs, captifs des pays voisins ou esclaves évadés des

tal, composé de deux bâtiments à étage, avec vérandas au rez-de-chaussée, et une école officielle.

La justice y est rendue par le commandant du cercle, un juge unique, à compétence étendue, rappelant par certains côtés les commandants de place légendaires (1) qui furent l'un des ornements du *buon governo* piémontais ; mais qui oserait s'en plaindre, aux bords du Sénégal ? Le juge de Kayes prononce sans appel sur les actions personnelles et mobilières, dont la valeur n'est pas supérieure à mille francs, et au correctionnel, sans appel, lorsque la peine n'excède pas deux mois de prison ou ne doit consister qu'en une amende. Il est de plus juge d'instruction pour toutes les causes criminelles du Soudan qui ressortissent de la cour d'assises de Saint-Louis...

Anthelme avait d'autres préoccupations que celle de noter sur ses tablettes la physionomie de cette petite ville, la dernière qui, de loin, lui rappelât encore l'Europe. L'expédition va cette fois débuter sérieusement. La colonne quitte les rives du haut fleuve et se dirige vers le nord-est, à travers les régions du Kaarta.

caravanes. On y a aussi interné des prisonniers faits sur les peuplades ennemies et les tirailleurs et spahis libérés du service, auxquels on a accordé des concessions de terre.

(1) Officiers qui avaient les pouvoirs de police les plus étendus dans les villes où ils commandaient.

Le jeune officier est au comble de ses vœux. Avant de partir pourtant, il pense aux siens. Quelques lignes seulement, griffonnées à la hâte : on dirait qu'il veut s'amuser à parler nègre. Dépêche laconique de soldat en marche :

Kayes, 22 octobre 1890.

N'ai que le temps de vous dire un mot. Arrivé à Kayes hier soir, je pars dans dix minutes pour Kouniakary (nord de Médine). Là, je saurai ce que je fais. Je suis monté en douze jours, — sale traversée, — fait chaud, 48 degrés sur le pont et à l'ombre ; — me porte très bien, — rigole, — les petits camarades... ont mal au cœur ; — moi mange et engraisse à vue d'œil.

Le fleuve très curieux, pas du tout désert, habité tout le long. — Nombreux caïmans, — en ai tué. Tout est inondé jusqu'à Matam, Saint-Louis est dans l'eau. Ici, inondation est finie, mais ça pue... !

Ici, grande activité, cent officiers pour la campagne ; lieutenant-colonel Archinard est revenu. Je ne vais pas à Bamako : tant mieux, pays maudit, on y crève ; — ci, bon.

Je vous donnerai toutes les nouvelles quand je serai installé dans mon poste. On m'appelle. Je vous aime et vous embrasse bien fort tous. Je n'ai pas encore reçu un mot de vous : de plus en plus mauvaise ! Ecrivez à Kayes (Soudan), ça suivra. Si j'ai quelque chose de grave à vous apprendre, j'ai le télégraphe-poste, va par fil télégraphique jusqu'à Dakar ; de là en France par paquebot assez rapidement.

XII

En marche.

Tableau bizarre, plein de mouvement et de vie : des hommes de races diverses, parlant une langue différente, se comprenant à peine, vont ensemble vers un même but, s'entr'aidant, se soutenant et se tendant la main pour lutter contre les ennemis : le « monstre », les fauves, la *soudanite* (1) et les noirs rebelles.

Ils sont là quelques centaines : légionnaires de tous les pays d'Europe, Russes, Allemands, Italiens, Anglais, également braves, fraternellement réunis sous les plis du drapeau tricolore, *marsouins* venus de Bretagne ou de Savoie, spahis, artilleurs, commandés par des officiers et des sous-officiers énergiques, entreprenants et ne

______
(1) La fièvre bilieuse.

perdant jamais leur vieille gaieté française, même aux heures les plus sombres.

Puis viennent les auxiliaires accourus de toute part :

C'est un spectacle réellement intéressant que celui de tous ces sauvages, arrivant armés de fusils à pierre, de sabres, de haches, de tout ce qui peut servir d'arme.

Pour moi, on me change ma destination : on m'envoie avec la 3ᵉ compagnie au camp de Kounia-kary. Ce camp, qu'il ne faut pas confondre avec Koniakary, est situé sur la rive droite du fleuve, juste en face de Médine ; il y a là quelques compagnies de tirailleurs et de l'artillerie. J'arrive donc à Médine ; c'est certainement· un des jolis coins du Sénégal, boisé, montagneux, pittoresque, presque notre Savoie, température à part.

A peine installé et présenté à mon commandant de compagnie, Lucciardi, de la promotion de Constant (1), décoré à Ouossébougou, etc., nous recevons l'ordre de faire partie d'une colonne d'observation dirigée contre le Séro et destinée à « recevoir » la soumission des Kassonkés et Bambaras (2) du pays.

Nous partons donc, moi monté, très fier, sur une mule de Tolède. La colonne se compose de trois compagnies de tirailleurs, d'un peloton de spahis et de

____

(1) Un frère du lieutenant, officier lui-même, de la promotion des Pavillons noirs.

(2) Peuplades de race mandhingue, polygames et fétichistes.

deux pièces d'artillerie, le tout commandé par Ruault,
commandant d'artillerie (1).

Le premier soir, nous campons à Kanamokonou,
en plein désert. Un village toucouleur, détruit pendant la campagne dernière, nous fournit des cha-
peaux de case qui nous servent de logement.

Ici le lieutenant trace le tableau très impres-
sionnant de sa « première nuit de colonne » :

Le carré est formé. Les porteurs de bagages sont
au milieu. Les auxiliaires, répandus partout sur les
flancs, entonnent des chants d'un rythme étrange. Les
feux sont allumés : c'est un vrai grouillement de fourmilière. Puis, peu à peu, chacun s'endort, la lune se
lève et, à sa lueur bizarrement rougeâtre, le camp a
bien cet aspect fantastique, spécial aux campements
noirs. La hyène vient hurler tout près, cherchant un
os à ronger, et de temps en temps, très loin, le rugissement du lion fait dresser l'oreille aux indigènes et
trembler les chevaux. Puis, lentement, les bruits
diminuent, tout se tait, et je m'endors sur mon bon
lit de campagne jusqu'au matin.

Voici maintenant le réveil, une nouvelle étape
à fournir au cours de laquelle se déroulent, sous
les yeux du lieutenant ravi, les merveilleux
aspects d'une forêt des Tropiques :

Le lendemain, nous partons bien avant le lever du

(1) Le brillant officier qui, le 22 mai 1890, avait infligé, au
gué de Kalé, une sanglante défaite aux Toucouleurs, lors de
leur retour offensif sur Talari, après la prise d'Ouossébougou.

soleil. Le sentier que nous suivons consiste en un vrai tunnel creusé dans une forêt de baobabs et de toute sorte d'arbres que je ne connais pas. A peine un rayon de soleil, ce dont nous sommes tous joliment contents. Des lianes partout, des végétations étranges, des fruits de toutes formes ; puis de petits singes qui nous font la grimace en se grattant le ventre, et des oiseaux !...

Et cette fantasia de la gent ailée reporte sa pensée vers sa sœur qui les aime tant, les oiseaux ! S'adressant à elle, il écrit :

O Ida, si tu les voyais, tu te pâmerais d'admiration ! Il y a d'abord les *cardinaux*, gros comme des pigeons et tout rouges ; puis les *gendarmes* jaune d'or ; puis les *veuves* tout noirs, avec des queues ondoyantes longues comme le bras ; puis les petits *bengalis* sénégalais, qui sont gentils et jolis, roses et bleu ciel ; ils viennent se poser sur les oreilles de ma mule, je pourrais les prendre comme des mouches, ils ne sont guère plus gros ; et tout ce petit monde grouille et se remue, et saute, et piaille, et se chamaille : une immense volière en révolution.

Nous arrivons ainsi à Ségalo : c'est le village où les Toucouleurs ont reçu leur *raclée* au mois de juin dernier. Là, rien de particulier ; nouvelle étape, et le lendemain, nous arrivons à Kouniakary...

XIII

De la hutte, que ses nègres viennent de dresser prestement, Anthelme aperçoit, vers le sud-ouest, Médine qui se profile à l'horizon. De loin, c'est quelque chose ; mais de près !... La ville noire ne le tente pas, et volontiers il se laisserait envahir par le spleen, si déjà l'on ne sentait dans l'air une vague odeur de poudre :

Kouniakary, 25 octobre 1890.

Mon cher frère,

Je suis au camp de Kouniakary, au nord de Médine. J'ai la veine de faire la colonne ; *dans deux jours, je pars avec ma compagnie vers le nord, et, tout de suite, nous prendrons le contact avec Ahmadou.* Il y aura avant peu des pots cassés. Je suis à la 3ᵉ compagnie, c'est un lieutenant qui la commande ; pendant toute la colonne, l'année dernière, il a été en tête. J'ai quarante hommes dans ma section, d ont trente-six y ont été blessés, c'est gentil. Donc je pense qu'il est inutile d'entrer dans les détails avec maman qui serait horriblement inquiète. Je compte sur la chance et sur mes deux poings, voilà tout. J'ai un peu la fièvre depuis que je suis ici ; mais, comme tous l'ont, ça n'a pas d'importance.

Je n'ai que juste le temps de te crayonner ce mot assis par terre, dans une hutte de paille ; toute la journée, je suis occupé. D'ici je vois Médine en face. On dirait que c'est joli ; c'est sur une colline assez escarpée, il y a quelques montagnes derrière, la vallée est presque pittoresque jusqu'aux dents du Felou ; mais, de près, c'est laid, malpropre, et puant comme toutes les villes noires.

J'espère bien ne pas laisser ma peau dans cet affreux pays.

Adieu, mon cher frère, embrasse tout notre monde pour moi.

La colonne va maintenant goûter, pendant quelques jours, le charme extrêmement relatif de la vie de camp au milieu des noirs, dans l'enceinte du *tata* de Kouniakary :

C'est un fort en terre de deux cents mètres de côté, dans lequel sont empilés et vivent, je ne sais comment, deux mille Kassoukés.

Nous y régnons depuis le mois de juin. Des Tou_couleurs d'Ahmadou ont essayé une attaque au mois de septembre, ils sont venus parader à quelque cent mètres du *tata*. Ayant reçu quelques coups de canon et quelques feux de salve, ils se sont empressés de déloger, laissant trois cents des leurs sur le carreau ; aussi n'ont-ils pas envie de revenir.

Tous les chefs des environs sont venus faire leur soumission. Quand le colonel Archinard ira à Nioro, il ne trouvera probablement pas grande résistance sur son chemin.

Anthelme donne ici des détails fort intéressants sur la vie menée par nos officiers européens au milieu des noirs :

Voici tantôt quinze jours que nous sommes campés sur le mur du *tata*. Nous avons fait élever notre case au pied d'un ficus qui nous donne sa bonne ombre. Il ne fait pas trop chaud, sauf vers midi. Les nuits sont froides et je n'ai pas trop de ma couverture.

La case de Lucciardi et la mienne sont réunies par une espèce de véranda qui nous sert de salle à manger. Tous les soirs, au coucher du soleil, les officiers de la colonne viennent s'asseoir devant chez nous. On cause, on rit, c'est le bon moment de la journée. Le matin, exercices, corvées, établissement de camp, etc. ; nous ne perdons pas notre temps.

Mais quelle existence curieuse, en vérité, que celle de ces indigènes, simples soldats, traînant après eux toute une smala, sans oublier les esclaves qui sont là, ainsi qu'on l'a dit, « le principal élément de la richesse et l'apanage de la liberté » !

Maintenant, le camp est presque fini, — c'est très

drôle. Les tirailleurs se font des cases en paille, carrées, bien alignées, et là dedans vivent leurs femmes et leurs enfants, leurs captifs, tout un monde. En marche, tout ça suit de loin la colonne et arrive à l'étape pour piler le mil et faire le *couscouss* du tirailleur. Le mil est une espèce de maïs à petit grain qu'on écrase en une farine grossière qui forme le fond de la nourriture des noirs.

Pour la culture du mil, rien de plus facile ; on sème et on attend, — trois mois après, on récolte.

N'importe ! le lieutenant a quelque peine à distinguer les hommes de sa section. On sent cependant qu'il les aime, car ce sont réellement des braves, et la bravoure n'est-elle pas le lien commun entre toutes les races ?

C'est dur de s'habituer à ne voir autour de soi que des visages noirs. Au commencement, je les trouvais tous les mêmes. Je finis par reconnaître mes tirailleurs ; mais ce n'est pas sans peine.

Quels bons soldats ! Toute ma section est composée de vieux *birbes* rengagés cinq ou six fois, blessés un peu partout, ne reculant devant rien et aptes à tout faire. Quand on arrive à l'étape, après une marche, en un quart d'heure ils me font une case haute, bien couverte en paille, où je suis tout de suite installé comme un coq en pâte. Quant à eux, tête nue, ils s'endorment à midi, en plein soleil, et trouvent encore que c'est très bon.

Blancs et noirs, fraternellement confondus, paraissent, d'ailleurs, absolument contents de leur sort. Le régime alimentaire est irréprochable, et quelque gros gibier vient de temps à autre varier le menu du jour :

Jusqu'à présent, je n'ai nullement à me plaindre au point de vue de la nourriture ; mes conserves sont excellentes et nous permettent de faire de temps en temps un extra ; puis je vais quelquefois à la chasse, je tue un sanglier ou une antilope ; c'est excellent et il y en a pour tout le monde. Je n'ai pas beaucoup de mérite à cela, je vais sur mon mulet à mille ou quinze cents mètres du camp, je rencontre une bête qui me regarde effarée et je la tue tranquillement avec un fusil Gras. Nous avons eu du vin jusqu'à présent, je ne sais si cette veine durera.

XIV

En chassant le sanglier et l'antilope, on allait
ainsi gaiement à la rencontre d'Ahmadou.

Or, Ahmadou, prudent, persistait à demeurer
introuvable. La position du sultan noir n'avait
fait qu'empirer depuis la dernière campagne où,
par la prise de Ségou et d'Ouossobégou, ses États
se trouvaient réduits au Kaarta, dont Nioro était
la capitale. Enserré entre les forteresses et le
pays de Koundiou, Badombé et Koniokary ;
menacé, d'un côté, par la colonne française qui
s'avançait, de l'autre, par les incursions des
Maures du Sahara, le malheureux Ahmadou
avait toutes les peines du monde à se maintenir
sur son trône chancelant et si gravement endom-
magé.

Ses sujets l'accusaient ouvertement de lâcheté.
De fait, Ahmadou s'était toujours tenu soigneu-

sement à l'écart de tout contact trop direct avec les canons et les fusils Gras d'Archinard. La tente royale n'était plus qu'une roulotte de bohémien du désert. Grandeur et décadence ! Loin, bien loin, le temps où le *Casseur de têtes* (1) ordonnait à ses *griots* (2) de célébrer ses louanges ! On ne les voyait plus, après une copieuse rasade de vin de palme, à la main qui le tam-tam, qui la petite guitare aux cordes tendues sur des peaux de serpent, s'accroupir sur le sable et chanter, d'une voix stridente, des improvisations héroïques en l'honneur du descendant dégénéré d'Hadj-Omar le Pèlerin.

Ahmadou ne savait vraiment à quel parti s'arrêter. Il répétait sans cesse, en Hamlet de l'Islam : « S'en aller... oui... mais où aller ?... »

Un beau jour pourtant, il réunit ses *sofas* et ses *alamés* et il leur tint à peu près ce langage : « Je ne suis plus rien ; j'ai perdu la maison de mon père ; j'ai imposé silence à mes *griots*. Je ne suis plus qu'un simple fils d'Allah comme vous. Je ferai ce que vous déciderez. »

(1) Nom de **guerre** d'Ahmadou.

(2) Les troubadours des pays noirs. Le *griot* n'a d'autre métier que celui de chanter. Il chante tour à tour les blancs et les noirs, les vivants et les morts, « la beauté des femmes, la sagesse des anciens, la valeur des guerriers, la prévoyance des trafiquants, l'habileté de ceux qui mènent les palabres... ».

Et le conseil de guerre décréta qu'on tâcherait de reprendre les territoires perdus. En avant, les Toucouleurs ! Les *griots* se remirent à chanter ; et, dès la fin d'octobre, au grand contentement de ce gourmand d'Anthelme, on chasse autre chose que le sanglier et l'antilope, l'on se bat pour de bon ; et pied à pied, dans la brousse, — sous les gigantesques velums des baobabs, — blancs et noirs, auxiliaires et Toucouleurs, se mesurent et s'entre-tuent avec la même vaillance et le même mépris de la mort...

XV

Ah ! cette fois, c'est bien la guerre, la vraie, guerre de surprises et d'embûches, guerre sauvage où il n'y a ni quartier ni merci, où l'on devient cruel par nécessité, où les natures les plus affinées, écloses au soleil d'Occident, finissent par rendre aux Toucouleurs œil pour œil, dent pour dent, où les hommes semblent vouloir lutter de férocité avec les fauves, qui, tapis dans la brousse, assistent à ces combats, flairant la proie, prêts à se ruer sur les morts...

Le jeune officier ne peut, du reste, s'empêcher d'admirer la crâne allure avec laquelle ces noirs savent mourir ; mais il craindrait, en racontant de telles scènes de carnage, d'effrayer sa mère.

C'est à son frère qu'il adresse ces pages vibrantes, qui, dans leur argot tout militaire, ressemblent à certains récits de vieux soldat d'Afrique contés, le soir, autour des feux du bivouac :

De Kouniakary, nous avons rayonné tout autour pendant ces deux mois, à des quatre et cinq jours de marche. J'ai écrit à maman que c'était inoffensif ; en fait nous avons été tout le temps nez à nez avec les Toucouleurs d'Ahmadou, auxquels nous avons administré des piles successives. Le commandant Ruault dirigeait la colonne ; j'ai été chef d'état-major, sur la recommandation de Morin. Ces importantes fonctions ne m'ont pas troublé la cervelle, et tout a bien marché. Les expéditions ont été très heureuses, et nous avons perdu très peu de monde. Mais, cristi, quelle guerre !...

Tout homme pris est raccourci incontinent ; les femmes et les enfants, emmenés en captivité et donnés aux tirailleurs et aux auxiliaires. L'esclavage règne absolument et il est tellement dans les mœurs du pays, que nul ne le trouve étonnant, pas même nous ; c'est forcé (1). Tous ces gens qui se battent pour nous ne le font pas par dévouement, mais bien pour piller et ramener force captifs. Curieux !

Le lieutenant, après cette réflexion philosophique, entreprend le récit des différentes affaires auxquelles il a été mêlé. — Celle de Kolomey, tout d'abord, qui lui permet de s'extasier à la fois

---

. (1) « En proclamant tout d'abord l'abolition de l'esclavage dans des pays que nous ne connaissions pas encore, a dit M. Alfred Rambaud, nous nous sommes enlevé les seuls moyens vraiment pratiques d'y pénétrer, de nous y implanter et de pouvoir ensuite y répandre notre civilisation. Nous ne voulons pas de l'esclavage ; or, les esclaves eux-mêmes sont contre nous, soit qu'ils se trouvent heureux et ne désirent pas changer de condition, soit qu'ils rêvent de recouvrer un jour leur liberté et d'avoir des esclaves à leur tour. »

sur la bravoure des Toucouleurs et sur les effets
du fusil Gras :

Notre première sortie a été sur Kolomey, où Bes-
sirou, frère d'Ahmadou, avait deux ou trois mille
hommes. Quand nous sommes arrivés, nous avons
été assaillis par tous ces gens avec un courage insensé. Formés en carré, nous les recevions à feux de
salve, et ces acharnés venaient se faire écharper à
dix pas de nous.

Tu n'as pas idée de l'effet du fusil Gras : une balle
dans la tête enlève tout le crâne, une balle dans la
poitrine fait dans le dos un trou de la grandeur d'une
assiette, les membres sont hachés et les os brisés
d'une façon lamentable.

Puis ce sont, hélas ! les exécutions sommaires,
auxquelles les fétichistes se soumettent en tendant le cou avec un stoïcisme inouï :

Après l'affaire, j'ai battu la brousse avec quatre
spahis et ramené une vingtaine d'hommes. Parmi eux,
le chef du village, qui essayait de se disculper en
disant que c'étaient les Toucouleurs qui l'avaient
forcé à les suivre. C'était probablement vrai ; mais les
ordres étaient formels, et je leur ai fait couper le cou
à tous. C'est un de mes tirailleurs qui s'est chargé de
l'opération, et, avec un petit sabre du pays, il s'en est
acquitté « à merveille ».

Voici : on les emmène à quelques pas du camp sans
même les ficeler : *Mets-toi à genoux, tends le cou.* Le
bonhomme se met dans la position la plus commode,
et clac ! un petit coup de sabre enlève net la tête.

L'indifférence de tous ces gens est réellement admirable. Pas une grimace, pas un tressaillement. Le cœur ne bat même pas plus vite, puisqu'on voit le sang jaillir très régulièrement de l'artère carotide.

C'est qu'en réalité il ne fait pas bon vivre dans ce malheureux pays, et ces pauvres diables d'indigènes, constamment ballottés entre les colonnes françaises et les tribus rebelles, retombent incessamment de Charybde en Scylla :

En principe, nous faisons la guerre seulement aux Toucouleurs qui ont conquis le pays il y a quelque cinquante ans, et voulons délivrer les Kassoukés et les Sarrakolés autochtones. Mais ces derniers se trouvent du coup entre l'enclume et le marteau ; s'ils ne viennent pas faire rapidement leur soumission au colonel, on les considère comme ennemis, on les *zigouille* et on brûle leurs villages ; si, d'autre part, ils se mettent avec nous, comme nous ne pouvons être partout à la fois, ils reçoivent assez généralement les mêmes gracieusetés de la part des Toucouleurs. C'est ce qui s'est passé le 5 décembre, à Oualiba, à 8 kilomètres nord-est de Kouniakary. Des Kassoukés honnêtes et tranquilles font leur soumission ; quelques jours après, par vengeance, Madané, fils d'Ahmadou, leur tombe dessus à trois heures du matin, coupe le jarret aux hommes et emmène les femmes et les troupeaux.

Mais Madané va la payer belle. Les Kassoukés seront vengés, et vengés sur l'heure par Anthelme même qui, pressentant un mauvais coup de la part des Toucouleurs, fond sur eux et en fait un effroyable carnage :

De Kouniakary, j'entends les coups de fusil, je réveille le commandant, je lui extirpe un ordre de marche pour ma section et les spahis (dix-sept hommes) commandés par le lieutenant Laperrine, et nous partons.

Laperrine poursuit la colonne toucouleure emmenant les troupeaux, arrive à trente pas derrière sans être vu, et charge avec ses dix-sept hommes sur six cents qui s'éparpillent dans toutes les directions, pris d'une terreur folle à la vue des vestes rouges ; il en a tué cent cinquante à l'arme blanche, sans autre perte qu'un cheval tué. Pendant ce temps, je faisais des feux de salve à trois cents mètres sur l'arrière-garde, qui protégeait la retraite des précédents.

Embarrassés dans les épines et les cailloux, ils ont dû mettre pied à terre, et j'ai ramassé quarante bons chevaux, plus soixante-dix morts ; de notre côté, pas un blessé. Nous sommes rentrés triomphalement à Kouniakary et avons reçu les félicitations du commandant. A côté de ces affaires heureuses, nous sommes aussi quelquefois pincés dans un sale terrain couvert de broussailles, où la supériorité d'armement au point de vue de la portée disparaît, et nous ne sommes pas toujours aussi fiers.

XVI

Le 14 décembre, à dix heures et demie du matin, le colonel Archinard rejoint son avant-garde : il arrive du camp de Médine à Konio-kary, où la colonne du Kaarta doit être défini-tivement formée.

L'état-major du commandant supérieur se compose du lieutenant-colonel Humbert, du chef d'escadron Ruault, commandant l'artillerie, du capitaine Klobb, chef d'état-major, du capitaine Briquelot, des lieutenants Charbonnier et Va-lentin, du capitaine indigène Mahmadou Racine, et d'un secrétaire particulier, M. Ponty.

L'artillerie comprend quatre pièces de 80, deux pièces de 65, quatre pièces de 4 et deux de 95.

L'infanterie se répartit en un détachement d'in-fanterie de marine, trois compagnies de tirailleurs sénégalais, les 3ᵉ, 7ᵉ et 8ᵉ, une compagnie de tirailleurs soudanais et deux compagnies de tirailleurs auxiliaires, commandées par les capitaines Morin et Baudot.

Il y a en outre un détachement de spahis d'Algérie, un autre de spahis auxiliaires commandés par le capitaine Gouget. Avec le train, le service médical, le service administratif, les interprètes, les ouvriers et employés divers, la colonne comprend exactement 42 officiers européens, 6 officiers indigènes, 113 Européens et 464 indigènes de troupes régulières, 368 tirailleurs ou spahis, 582 conducteurs ou palefreniers, 54 servants d'artillerie, des troupes auxiliaires, 74 domestiques et 58 employés indigènes, 180 chevaux et 416 mulets.

La colonne est flanquée d'un contingent auxiliaire indigène de 1.300 hommes, Toucouleurs du Bondou, Kassoukés du Diombokho et de Médine, Logoukés, Bambaras de Guémou et Maures commandés par leurs almanys ou leurs rois.

Le 15 décembre, le commandant supérieur passe en revue sa petite armée et, dans la soirée, celle-ci se met en marche.

Avant de partir, Anthelme griffonne à la hâte ces quelques mots :

Je repars tout de suite pour le Niger avec ma compagnie. Nous venons de faire une colonne dans le Séro, recevoir des soumissions, etc.

Je vous promets de vous écrire chaque fois que je le pourrai. Plus que vingt et un mois à faire loin de vous ! Encore rien de vous ! Seigneur, que c'est long ! Je vois bien que l'aile de maman me manque toujours. J'ai pourtant reçu une lettre d'un de mes camarades de Toulon ; les vôtres ont dû filer sur Bamako. Je vous envoie toute mon affection.

Votre fils qui vous aime,

A.

Et, en pensant aux chers siens, Anthelme va prendre sa place dans le carré mouvant qui s'avance bientôt à travers la brousse.

Sur les faces, tirailleurs et spahis ; à l'intérieur, la réserve d'infanterie de marine ; aux angles, l'artillerie, et, dans le carré, l'état-major et les divers services. Les trois cents voitures Lefebvre, alignées en avant des faces, forment un solide retranchement ; les noirs les appellent des « tatas en fer ».

La colonne traverse presque à sec les marigots du Kellatako et du Firegarako, et établit, le 17 décembre, son campement à Bangassi.

Le 18, elle abandonne la région du Diombokho pour entrer dans celle du Séro : elle traverse la rivière Kolou et couche à Kriou.

Le 19, elle est harcelée par des volées

d'abeilles qui retardent la marche : les hommes, pour se débarrasser de leurs obsessions, font flamber des feux d'herbes sèches qui rappellent à Anthelme les *covasses* (1) du pays natal.

Le 20, voici les ruines abandonnées des deux grands villages de Sambaga et de Dogofiri, détruits par Ahmadou en 1887, pendant qu'il faisait la guerre au Diafounou révolté. Leurs habitants s'étaient soumis ; mais, suivant l'usage, les femmes, les enfants et les prisonniers restaient la propriété du vainqueur. Certains ayant essayé d'enlever leurs épouses, destinées au harem du sultan noir, celui-ci « fit égorger tous les mâles sans exception » et, dans une lettre de défi, il écrivait alors au colonel Archinard :

Fais attention à ta conduite ; car, si je suis patient, je pourrais cependant te montrer un jour toute ma force, la bravoure de mes guerriers et l'excellence de ma tactique militaire. Rappelle-toi que je viens de faire dans le Diafounou plus de mal à mes ennemis que les blancs n'ont jamais pu en faire aux leurs (2).

Chemin faisant, en longeant ces ruines mornes et désolées, le colonel racontait à ses officiers les lugubres souvenirs qui s'échappaient, comme

(1) Nom par lequel les paysans savoyards désignent les tas d'herbes sèches qu'ils font brûler dans les champs.

(2) Cf. Rapport du lieutenant-colonel Archinard. *Journal officiel* du 11 octobre 1891.

des plaintes d'âmes en peine, de ces cimetières de noirs, où les os, retirés par les fauves de leurs fosses à fleur de terre, blanchissent au soleil, et où les crânes, fendus et grimaçants, roulent sous les pieds des chevaux...

XVII

Et la colonne, bien vivante, avance, avance toujours.

La voici sur la route qui mène à Diougaga. Samba Tambo, un partisan d'Ahmadou, y est campé avec une bande de Toucouleurs. Surpris, il a le temps de s'enfuir. Le village est cerné par les spahis du capitaine Gouget et les tirailleurs de la compagnie Hugueny. On y retrouve nombre de femmes et d'enfants pris à Diala par les Toucouleurs. Des auxiliaires y reconnaissent bientôt leurs épouses et de petits guerriers en herbe qu'ils ne comptaient plus revoir. Le camp retentit d'explosions de joie et « chacun reprend son bien ».

L'ennemi est là pourtant. Bassirou occupe le village voisin de Sambakané ; il y fait battre le tabala et envoie quelques cavaliers en reconnaissance dans la direction de la colonne ; mais bientôt il se retire, lui aussi, et va rejoindre le gros de ses forces à Yélimassé, pendant que les populations environnantes, telles que celle de Goury, la capitale du Diafounou, arrivent comme une trombe pour se placer sous la protection du chef blanc.

Les femmes crient, les enfants pleurent, les griots chantent, les vieillards font des salamalecs, les chevaux hennissent, les bœufs beuglent, les chèvres bêlent, les moutons leur répondent. Tout le monde s'en mêle. C'est un tumulte assourdissant, un vacarme effroyable...

Et, sa pipe à la bouche, étendu à l'entrée de sa tente, notre lieutenant contemple philosophiquement ce spectacle et réfléchit à part lui qu'il fait un contraste singulier avec le calme retour des troupeaux des bergers à la ferme, célébré par le chantre des Alpes...

L'objectif est Nioro.

Le colonel a annoncé qu'il y entrerait le 1er janvier : les étrennes de la colonne. Deux routes y conduisent : celle du nord, passant à Krémis et parcourant le Kéniarémé ; celle du sud, à travers le Guidianné.

La route du sud est fort étroite, dangereuse, encaissée, parfois taillée dans les rochers ou se confondant avec le lit même du Tarakolé. On risque à chaque pas de tomber dans quelque embuscade. Archinard ne la suivra pas ; mais il laisse croire qu'il veut la suivre ; ce qui préoccupe grandement les famas et les alamés de la suite.

Ces noirs sont vraiment étranges : tour à tour braves jusqu'à l'héroïsme et peureux jusqu'à la couardise. On ne peut les envoyer seuls en reconnaissance. On a beau organiser des rallye-papers, leur confier des chromo-lithographies du Louvre et du Bon-Marché, en leur promettant une récompense honnête si, à la prochaine étape, ils peuvent montrer les petits papiers semés par eux sur la route. Ils partent, remplis d'ardeur, sur leurs petits chevaux fringants ; mais ils mettent pied à terre au premier contour et attendent blottis dans quelque coin que le temps écoulé puisse faire croire à une reconnaissance sérieuse. Ils reviennent alors avec des histoires de brigands, parfois sans leurs montures, que, peu après, des griots ou des indigènes inoffensifs ramèneront en s'excusant d'avoir bien involontairement provoqué une telle panique : ânes et âniers ont été pris pour des escadrons de cavalerie toucouleure !

Pourtant, il faut s'éclairer ; car, si l'ennemi se dérobe, on le sent toujours là. Les forces se concentrent à Niogoméra, à l'entrée des défilés de la route du sud ; et même, en suivant la route du nord, Archinard a fait ce détour pour trouver un gué plus facile et il sera obligé de détruire ce gros village et d'anéantir les forces qui y sont retranchées, afin de ne pas les laisser derrière lui et de pouvoir aller librement de l'avant.

Le 22 décembre, il est à Dioukolomé. On se remet en marche. A droite et à gauche, des bois touffus : dans les clairières surgissent de temps à autre des partis de cavaliers, fantasia qui disparaît après avoir tiré quelques coups de feu inoffensifs.

Bientôt la colonne arrive en face de Fatoumatabougou. Le Tarakolé barre la route. Sur l'autre rive, au nord et à gauche, se dresse, comme une sentinelle, le village vaste et cossu de Yélimané, perché au sommet d'une petite colline découverte à pente douce : il garde l'entrée de la route du nord. Au sud et à droite, à travers les arbres, on aperçoit Niogoméra, qui semble posté là pour défendre l'entrée de la route du sud...

Le reste de la journée se passe en escarmouches et en préparatifs. On met le feu à Fatoumatabougou et on vient camper sur le plateau de Yélimané.

XVIII

Le 23 décembre, dès la pointe du jour, les pièces de 80 du commandant Ruault, postées à quinze cents mètres en avant du camp, commencent à bombarder Niogoméra. Les auxiliaires, envoyés en avant-garde, prennent bientôt contact avec l'ennemi qui s'avance en masses profondes entre Yélimané et Korriga.

Craignant une débandade de ces braves noirs, au premier choc, s'ils ne se sentent pas soutenus, le colonel se porte vivement à leur secours, emmenant avec lui la 8ᵉ compagnie de tirailleurs, commandée par le capitaine de Sarrazin, la compagnie Baudot, la batterie de 4 et les spahis.

La 3ᵉ compagnie, dont Anthelme fait partie, reçoit dès le début de l'action l'ordre de rejoindre et d'escorter sept voitures et vingt porteurs de munitions d'artillerie et d'infanterie. La batterie de 80 du commandant Ruault et la compagnie de soutien, commandée par Sansaric, renforcent la colonne.

Dans la compagnie Baudot, on remarque un vieux birbe, chevronné dans maints combats et qui a une façon spéciale de monter à l'assaut. Au premier coup de clairon, il s'élance en tête de façon à pouvoir courir les yeux fermés, baïonnette en avant, sans crainte de transpercer les camarades. Il n'ouvre les yeux que de loin en loin pour voir sa route et ne pas tomber jusqu'au moment où il atteint la brèche : alors il combat et fait merveille.

Ce Toucouleur s'appelle le sergent Mayoro, musulman fanatique alors qu'il n'est pas au feu. Ce coreligionnaire du Dr Grenier est constamment dans la lune : il se prosterne, baise la terre, marmotte des invocations à Allah et égrène son chapelet : puis va prestement dans la mare prochaine troubler les ébats des canards pour y faire ses ablutions.

Il s'était brillamment conduit à l'assaut de Daba, sous les ordres du capitaine Combes, à l'expédition du Congo, avec M. de Brazza, à l'assaut de Ouossébégou, à la suite duquel le lieutenant Levasseur avait obtenu pour lui une médaille d'or de première classe. Certains prétendaient bien que son séjour au Congo avait considérablement déprimé son intelligence et qu'il était devenu idiot...

Le clairon a sonné la charge.

Baudot, qui marche derrière l'état-major, reçoit immédiatement l'ordre de se porter au pas gymnastique à la rencontre de l'ennemi qui semble dessiner un mouvement tournant inquiétant, vers la droite de la colonne. Baudot et ses hommes quittent la route et aperçoiven bientôt à travers les arbres un groupe immobile au fond d'un ravin : soixante mètres les en séparent à peine...

« Feu de salve ! » commande le lieutenant ; mais, au moment même, Mayoro se précipite vers lui en criant dans son jargon franco-souda-nien : « Lieutenant pas tirer ; Bambaras, Khas-soukés, amis ! » Les sections qui étaient en joue replacent les armes. Le lieutenant dit à Mayoro de demander à ces gens qui ils sont.

A peine le sergent a-t-il ouvert la bouche que deux balles lui répondent et l'étendent raide mort. Les Toucouleurs font une décharge générale et se précipitent en avant, poussant leur terrible cri de guerre et culbutant tout sur leur passage.

Les auxiliaires s'enfuient à toutes jambes. Heureusement les tirailleurs et les spahis font meilleure contenance et se montrent les soldats

intrépides qu'ils sont partout. L'un des cavaliers
du lieutenant Lapérine, Makadou-Faye, a son
cheval tué. Il lui coûte d'abandonner les har-
nais et, sous les balles, avec un calme stoïque, il
se met à desseller la pauvre bête. Makadou se sent
invulnérable ; car lui et ses camarades ont fait
un vœu singulier qui doit les préserver des
balles : celui de se raser la moitié de la tête et
de conserver ce genre de coiffure jusqu'à la fin
de la campagne.

Sur la droite, sur la gauche, au centre, c'est
bientôt une lutte acharnée. Les trois compagnies, formées en lignes de bataille, ont à subir
le choc de 1.500 cavaliers et de 4.000 fantassins
qui, avec une témérité incroyable, viennent se
faire tuer à bout portant. Les feux de salve,
exécutés comme au champ de manœuvres, les
déciment. Le terrain est balayé et l'ennemi se
retire en désordre, laissant sur le sol des mon-
ceaux de cadavres...

N'importe ! La colonne l'avait échappée belle
par la faute du sergent Mayoro. Idiotie, erreur
ou trahison ?

Le colonel tenait pour la première hypothèse :
« Pauvre vieux serviteur ! il a payé cher un moment de généreuse erreur. » Mais, au camp, on
était plus criminaliste et Anthelme, en particulier, dans son tableau si vigoureux du combat

de Niogoméra, n'hésite pas à y voir un guet-
apens :

Hier, nous étions à Villimané, embranchement des
deux routes pour Nioro : les Toucouleurs nous at-
tendaient sur la route du sud, où il y a de l'eau,
mais qui est très mauvaise. Nous arrivons le 23 au
soir ; le carré est formé, comme toujours, par les
trois cents voitures du convoi, et le lendemain matin
le colonel part avec trois compagnies et six canons
sur la route du sud. En avant de Niogoméra, il rencontre l'ennemi, colle son artillerie au milieu, une
compagnie à gauche, deux à droite. Baudot, qui
commande une compagnie de tirailleurs libérés,
tombe en plein sur une bande qui l'attend tranquillement. Il commande : *feu de salve, joue !*

A ce moment, un de ses sergents, un vieux Toucouleur, crie : *Ne tirez pas ! ce sont des Bambaras de
nos auxiliaires...* Baudot fait replacer armes et
s'avance pour leur demander qui ils sont ; il reçoit en
réponse, à vingt pas, toute la salve de ces *salopards*,
qui lui fichent le quart de son monde par terre. Les
Toucouleurs s'élancent à la charge, et la compagnie
Baudot fait demi-tour et fuit en désordre. Le sergent
avait dit à ses nationaux : *Vous pouvez tirer, nous ne
sommes pas nombreux.* — Ce brigand-là est mort de
deux balles dans la tête.

Heureusement, le 8ᵉ tirailleurs réguliers ouvre le
feu, et Baudot se reforme derrière, juste au moment
où l'ennemi arrivait sur le flanc droit du colonel et
de l'artillerie. Ça n'a tenu à rien que tout fût enlevé !

Enfin, cela se termine mieux, nos feux de salve
mettent en déroute les Toucouleurs, qui laissent une

centaine de morts sur le terrain ; chez nous, quarante-cinq blessés et quatorze morts.

Heureusement que les blessures de leurs balles ne sont, en général, pas dangereuses ; ils n'ont que des balles de fer martelé qui doivent être tirées de bien près pour produire un mauvais effet. Ce matin, nous nous mettons en marche par la route du nord, sablonneuse, sans eau, longue et ennuyeuse, mais ne permettant pas d'embuscade.

XIX

24 décembre.

Pendant que les auxiliaires laissés à l'arrière-garde incendient le village de Yélimané, la colonne se dirige vers Bondiougoula, tout petit village, ravagé par les Maures l'année précédente, en dépit d'un tata de deux mètres de haut, qu'ils ont prestement escaladé en l'absence des hommes qui travaillaient aux champs.

Les chefs du Guidioumé viennent faire leur soumission. Tous protestent de leur amitié et déclarent que les contingents qu'Ahmadou a exigés d'eux, et qui ont assisté à l'action de la veille, se sont arrangés quand même pour ne pas prendre part à la lutte et n'ont pas tiré contre nous. Ils sont chargés, disent-ils, par les cavaliers diawaras, qui ont traversé leur pays en fuyant, après le combat, de dire au colonel qu'on ne les rencontrera plus parmi ses ennemis et qu'ils lui sont tous dévoués ; mais allez vous fier à ces noirs !...

25 décembre. — Etape de Diongaga à Kremis.

Route abominable, « tantôt sablonneuse, tantôt encombrée de cailloux et de roches, fréquemment coupée de marigots au lit desséché ». Les mulets sont harassés et les hommes aussi. Il faut pourtant marcher en colonne serrée ; car l'ennemi peut vous surprendre d'un instant à l'autre, et les gens du pays assurent qu'il doit attaquer la colonne entre Kersignané et Korriga.

Aussi le colonel ne permet-il pas à sa troupe de s'allonger et de se disséminer. Les haltes sont fréquentes, parfois sous un soleil de feu. Les hommes grelottent la fièvre et, dans le silence de la nuit, on entend s'échapper de la tente des cris désolés ou des rires stridents qui font mal.

C'est la soudanite qui fait des siennes...

Campement à Kéramé le 26 décembre, à Kersignané le 27 et le 28, au matin, la colonne gagne une mare que le capitaine Gouget a reconnue, dès la veille. On en repart, après la grande halte, à une heure de l'après-midi, pour aller camper à la tombée de la nuit à mi-chemin de

Kéramé à Korriga ; et, le 29, on prend position en avant de ce gros village, derrière lequel Ahmadou a concentré toutes ses troupes pour tenter un suprême effort.

Un Toucouleur de Ségou, porteur d'un fanion blanc, vient au campement et demande à parler au colonel. C'est un transfuge. Par lui l'on apprend la composition, l'importance des forces ennemies, les positions qu'elles occupent, les plans délibérés par les grands chefs. Les *kéléboulous* (1) de Ségou, du Guénar, du Toro, du Bondou, les Peulhs, les Ouolofs et les guerriers du Fouta sénégalais sont réunis sous les ordres de Ciré Eliman, d'Abdoulaye Deylia, de Seikolo, de Mahmadou Bokar Lambalidi, d'Ali-Bouri, de Samba Gouma brûlant de venger la mort de son fils tué à Kalé d'un éclat d'obus, d'Ardo Amar, de Yora Babel, d'Ardo Serigue : tout le grand état-major toucouleur...

Fortement retranchés à quelque distance de Korriga, près d'une mare nécessaire au ravitaillement, ils attendent la colonne et espèrent bien la massacrer tout entière. Leurs cavaliers se montrent déjà, et les spahis leur font la chasse. Bref on est au contact de l'ennemi.

Anthelme en tressaille d'aise :

______

(1) Contingents.

Nous venons d'arriver juste au moment où toute l'armée d'Ahmadou se repliait en bon ordre. Les spahis ont ramassé quelques traînards qui ont donné des renseignements : ils sont dix tribus de douze à quinze cents hommes chacune, plus l'armée régulière, garde d'Ahmadou ; ce sont les Sofas, les plus féroces et les plus tenaces des musulmans. Il paraît que tout ce monde-là nous attend, à quelques kilomètres d'ici, derrière une crête ; aussi le colonel fait tirer le canon tout le temps dans la direction. Les noirs n'en ont pas la moindre peur ; ils disent qu'il n'y a rien à craindre de gros fusils. Le fait est que je n'ai pas encore vu un homme atteint d'un éclat.

Enfin nous approchons du but ; Nioro n'est plus bien loin. Résisteront-ils dedans? On le croit, car, une fois Nioro pris, il ne reste plus rien à Ahmadou.

XX

3o décembre.

A l'aube, marche en avant : les spahis en tête, la colonne au centre, les indigènes en queue Une première crête, puis un plateau découvert. Rien. Pas un coup de fusil. On descend au fond d'un vallon boisé, puis on remonte par une pente douce vers une seconde éminence...

A mi-hauteur, la fusillade se met à crépiter, de plus en plus nourrie. « Il n'y a pas d'erreur, » s'écrie un vieux birbe : le porteur du fanion blanc a dit vrai. L'ennemi est là ; les vedettes juchées dans les arbres ont signalé l'ascension de la colonne et son plan se dessine avec une netteté parfaite : tourner, envelopper et écraser.

Mais le colonel a pris d'habiles dispositions de combat. Utilisant les faibles effectifs qu'il a sous la main, il place le capitaine Hugueny dans une position perpendiculaire à la route ; à sa gauche, le capitaine de Sarrasin et deux sections de la compagnie Baudot ; à sa droite, les deux autres sections renforcées par Morin et Sansaric ; sur la face arrière du convoi, la troisième compagnie sous les ordres du lieutenant Lucciardi et les spahis auxiliaires ; à droite et à gauche de la tête des convois, les spahis réguliers.

La batterie de 80 se déploie à la droite du capitaine Hugueny ; la batterie de 4, à sa gauche ; les sections de 95 et de 65 sur la face droite du convoi, à la gauche du lieutenant Lucciardi.

Les indigènes sont placés en serre-file à l'arrière.

Ainsi disposées, les unités de combat pouvant se prêter un mutuel appui et se porter, au cours de l'action, sur les points les plus menacés, Archinard se moque d'Ali-Bouri et compagnie.

Ce diable d'Ali-Bouri n'en essaie pas moins, à la tête de sa cavalerie, de tourner la colonne à grande distance, en chargeant les indigènes de l'arrière.

« N'ayez pas peur, crie-t-il à ses hommes, ce sont des ânes ! »

De fait, ce n'étaient que des lièvres, et des lièvres terrés au gîte : pris entre deux feux, n'osant fuir, la retraite étant coupée par les troupes du colonel, ce ramassis de guerriers en chambre, Toucouleurs du Bondou, gens du Khasso, irréguliers du Logo et du Kaméra, Bambaras de Guémou ou Maures d'Ahmet-Fall, se recroquevillent sur eux-mêmes, tirent en l'air et se laissent sabrer.

Les chefs se cachent dans les rangs des hommes ou se couchent dans les fossés. Seul Demba-Yamadou, le nouveau roi du Diombokho, fait bonne contenance : il agite son sabre, mais son panache n'est guère suivi. Quant à Ousmann Gassi, l'almany du Boundou, « il s'est commodément blotti derrière une voiture Lefebvre ».

Heureusement, le capitaine Gouget, à la tête de ses spahis, vient tirer d'affaire ces musulmans apeurés. Il sabre tout sur son passage, tue de sa main Scikolo, un sofa important dont il envoie sur l'heure au colonel le vêtement de guerre tout couvert de grigris qui n'ont pas produit leur effet. L'ennemi est en pleine déroute et s'enfuit à toute bride, pour aller se reformer derrière son infanterie postée au sommet de la cité.

« N'ayez pas peur ! vos pères ont toujours été braves. »

Ainsi chantent les griots, en s'accompagnant sur le tabala de guerre, alors que, sur l'ordre du colonel, Hugueny, Morin et Baudot s'élancent à l'assaut.

En dépit des griots, l'ennemi est chassé du plateau, après une lutte acharnée ; mais il se retranche au fond de la vallée, dans le petit village de Mayel, au-devant d'une mare dont il veut défendre l'accès.

Le combat recommence, acharné, sans merci, à travers la brousse. Pas plus du côté des noirs que chez les blancs, les chefs ne s'épargnent. Tous payent bravement de leur personne. Après Seikolo, Ciré, Eliman, Ardo Serigue sont tués. Abdoulaye Deylia a le bras traversé. Bafi a le pied brisé par une balle. Ses soldats le relèvent et l'emportent, mais laissent son tabala entre les mains du lieutenant Mangin, qui le serre de près.

Quant à Anthelme, condamné à rester à son poste, il enrage de n'avoir pu s'exposer au premier rang, avec les camarades :

31 décembre.

Hier, grande bataille ; Seigneur, que de cartouches brûlées !

Je n'ai pas eu de chance, ma compagnie était d'ar-

rière-garde et n'a agi que de loin, en réserve. Voici :
en partant de Korriga, nous marchons dans un terrain broussailleux, épineux, dans lequel, naturellement, l'ennemi devait être ; il se trouvait au sommet d'une crête où on a commencé à canonner au hasard. Au bout d'une heure de cet exercice intéressant, les compagnies d'assaut, Morin 8e, Baudot s'avancent en échelons, faisant des feux de salve. Arrivés à quelques pas du sommet, ils aperçoivent, avec un certain déplaisir, ces messieurs installés derrière des tranchées, presque du modèle réglementaire pour tireurs assis.

Morin part en tête et les enlève brillamment après une résistance acharnée. Les autres compagnies marchaient également, et, au bout de quelques heures tout était refoulé et fuyait en désordre devant nous ; nos feux de salve ont fait en ce moment le meilleur effet.

Cristi ! si ces gaillards-là étaient armés comme nous, nous serions dans de beaux draps ! Enfin tout est fini, je pense que l'assaut de Nioro me sera plus favorable et me permettra d'attraper quelque chose.

XXI

En marche sur Nioro.

A peine reposée des fatigues de cette rude
journée, la petite armée victorieuse s'est remise
en route. Il n'est que deux heures de l'après-
midi. Chaleur torride. Terrain sablonneux. Les
roues enfoncent. Les côtes succèdent aux côtes.
Les mulets harassés refusent le service. Le vété-
rinaire Raffin déclare que les pauvres bêtes ne
pourront parvenir jusqu'à Katia.

Il faut marcher pourtant, coûte que coûte,
poursuivre l'ennemi l'épée dans les reins et l'empêcher de se rallier.

Archinard prend avec lui une colonne volante
composée des spahis, de trois compagnies, de
deux pièces de 4 et de 80 ; il laisse en arrière les
autres troupes et les convois sous les ordres
du commandant Ruault, et en avant !

La nuit est tombée. Voici Katia. Une vaste mare, grande comme un petit lac. Sur les bords, de gros villages espacés. A l'intérieur, un vacarme assourdissant. Le tabala retentit à coups redoublés comme le tocsin. Évidemment les fuyards s'y rallient. Ahmadou ne doit pas être loin.

Il est là, en effet, à quelques kilomètres, campé sous un baobab d'où il a envoyé son peuple au combat en l'accompagnant... de ses bénédictions. Lui, que sa grandeur retient au rivage de la mare, est resté à l'ombre avec quatre de ses femmes, dont deux viennent d'être fustigées pour avoir paru douter de la défaite de ces chiens de chrétiens.

Le canon du colonel Archinard se charge de venger les pauvresses : sur l'heure, Katia est en feu. Les Toucouleurs déménagent et s'enfuient par la route de Nioro, abandonnant pêle-mêle les tonneaux de poudre, les munitions, les selles et les armes.

Ahmadou se sauve, s'arrête un instant à Nioro, en repart la nuit même, avec ses femmes, se dirigeant au nord du côté du désert.

Au 31 décembre, les troupes du commandant Ruault ont rejoint la colonne légère. Encore une étape, et, au jour dit, l'on entrera dans Nioro.

XXII

Et l'on y entre sans coup férir.

C'est le 1ᵉʳ janvier 1891.

A onze heures quarante, l'avant-garde arrive aux premières cases. Non sans peine elle a pu contenir le flot des indigènes, flairant la curée et toujours prêts au pillage. Les spahis ont rapidement fouillé la ville abandonnée.

Pas un souffle, pas une âme ; et c'est à la façon de touristes anglais visitant une nécropole que l'état-major y fait son entrée. Les Français de France retrouvent bien vite leur bonne humeur, et les Parisiens égarés dans la colonne se livrent à des comparaisons réjouissantes entre la ville noire et la ville-lumière.

Une drôle de ville, tout de même, que ce Nioro !

Pas de mur d'enceinte. Une ceinture de jardins potagers, où s'épanouissent « les oignons, les tomates, le piment, et même, proh pudor ! le tabac, en dépit des prescriptions d'El-hadj-Omar ». Les maisons, serrées les unes contre les autres comme des anchois dans un baril, sont précédées de terrasses en terre, au-devant desquelles s'étendent de petites cours entourées de murs.

Au centre est la forteresse. Le premier soin du colonel est de faire hisser, au sommet de la tour d'entrée, le drapeau tricolore. Puis le canon salue les couleurs nationales et, devant la troupe assemblée, Archinard remercie officiers et soldats au nom de la France et se félicite avec eux de faire flotter les trois couleurs sur un nouveau poste qui restera français :

« Si nos couleurs doivent voir encore, parmi les noirs, des scènes de barbarie et d'esclavage, il faut penser à l'avenir pour nous en consoler : il est impossible qu'elles flottent bien longtemps sans assurer le triomphe de nos idées de civilisation (1). »

Et les plus sceptiques se sentent remués et ont la larme à l'œil à cette évocation de la patrie sur la place, plantée de dioubalets, où noirs et blancs présentent ensemble les armes au drapeau...

(1) Cf. Rapport du lieutenant-colonel Archinard, — *Journal officiel* du 12 octobre 1891.

La mosquée s'élève de l'autre côté de cette place, juste en face de la porte de la « maison d'El-hadj », vaste quadrilatère, solidement construit. Au centre s'élève un mamelon.

De cet observatoire, on aperçoit la ville à ses pieds, puis les dattiers de la banlieue, les collines prochaines ; au delà, à perte de vue, des champs de mil et de maïs et un océan de sable, sans arbres, à peine tacheté de quelques bouquets de broussailles chétives.

Le diomfoutou, où Ahmadou a son palais et son harem, est emboîté, comme un cercle concentrique, dans la maison d'El-hadj-Omar.

Anthelme, admis à le visiter avec les camarades, y découvre pêle-mêle, non sans surprise, des bijoux, un lit de fer, un canapé et des fauteuils Louis XV, où des bergères Watteau étalent leurs grâces mignardes, avec un air aussi étonné que dut l'avoir le doge de Gênes au palais de Versailles.

Les visiteurs y avaient pénétré, non sans s'être préalablement égarés dans ce labyrinthe. De la place de la mosquée, on pénètre tout d'abord dans une tour. Puis voici un *bolo* (1) obscur, « dont les piliers massifs supportent une terrasse disposée pour recevoir des tireurs » ; puis encore une enfilade de cours et de parloirs, de portes et de corridors.

(1) **Corps de garde.**

Derrière la case d'Ahmadou, se trouve celle du grand El-hadj-Omar, son père : isolée au milieu d'une vaste cour, elle se présente sous l'aspect d'un kiosque de forme circulaire, aux parois en terre, au toit conique en paille, avec un intervalle à jour entre les parois et le toit.

Là, une fois par semaine, le pacifique Ahmadou recevait à sa table les vétérans de son père et courait se réfugier quand grondait l'orage ; car il a peur du tonnerre autant que de la poudre, et les vieux sabres féconds en souvenirs, qui tapissent les murailles, devaient se trouver dépaysés entre ses mains. Il s'entend mieux à porter solennellement la canne du *lambdioulbé* (1) ou à fouetter ses femmes, quand elles sont accusées par leurs compagnes d'avoir cherché à regarder par-dessus les murs de leur prison.

En face de la case d'Ahmadou est le harem : tout au bout, la demeure de Diaminatou, la sultane favorite.

A côté, les ruines de la poudrière où Montaga, le frère d'Ahmadou, se fit sauter plutôt que de s'en remettre à sa clémence, suivant en cela l'exemple de deux autres de leurs frères, Daye et Daha. Ceux-ci, sommés de se rendre,

(1) La canne que le commandeur des croyants prend pour aller à la mosquée.

s'étaient, avec quelques fidèles, fait tuer par un des leurs, qui se tua le dernier. Tous avaient préféré la mort volontaire aux supplices qui leur étaient réservés par le chef de cette jolie famille.

XXIII

Le réceptacle de tant de monstruosités et de crimes avait besoin d'être purifié. Sur la grande tour, le drapeau français flotte, et le lit du sultan aussi lâche que cruel sert de couche au brave capitaine Lejeune, que ses hommes y apportent mourant : atteint de fièvre hématurique, il s'y endort, quelques jours après, de son dernier sommeil...

Un de moins ! Une victime de plus ! Ils sont nombreux, ceux qui partent ; mais les autres songent à vivre et ne pensent pas que la mort les guette, eux aussi, que demain viendra leur tour.

Or, il y a, dans les greniers voisins, d'énormes approvisionnements, de quoi nourrir une armée. Mil, maïs, arachides, fourrages foisonnent sous les regards allumés de convoitise des auxiliaires noirs. Devant ces trésors de réserves, ils ouvrent tout grand leur râtelier d'ivoire sur fond d'ébène, avec une mimique expressive.

Ici, les chevaux hennissent joyeusement. Là, les hommes rassasiés, largement nourris et abreuvés pour leurs étrennes, chantent sur le mode plaintif et saccadé des harmonies sahariennes.

Seul, le lieutenant « n'est pas content » : il envoie au diable les Toucouleurs qui n'ont pas voulu prendre le contact. Mais, bien vite, son talent d'observateur se remettant en campagne, il trace de la ville noire ce pittoresque croquis :

2 janvier 1891.

Nous arrivons hier, pas un chat !... Nioro abandonné, le tata ouvert, rien à faire. Ahmadou est parti, on ne sait pour où. Plus qu'à nous installer et à nous reposer.

J'en suis tellement furieux que j'en oublie de te souhaiter une bonne année.

Je voudrais que tu visses cette forteresse noire, c'est curieux. Figure-toi une ville d'environ dix mille habitants, composée de la façon suivante — prenons, pour exemple, une maison de famille — : 1° une case d'entrée à deux ouvertures, l'une à l'extérieur, l'autre à l'intérieur; 2° une cour dans laquelle se trouvent réunies quatre ou cinq cases carrées, communiquant l'une par l'autre, le tout entouré d'un mur de trois mètres de haut percé de créneaux. Cinq ou six agglomérations de ce genre sont ensuite reliées par quelques cases et entourées d'un nouveau mur; tu vois à quel dédale inextricable on arrive. Toutes ces cases sont des cases *bambaras* en terre, en pisé, recouvertes de poutres et de pisé, si bien que l'artillerie aurait fait piètre figure là dedans.

Mais tout ceci n'est rien : au milieu de la ville se trouve une place immense, bien plantée d'arbres. Sur cette place, le *tata;* c'est la vraie forteresse. Imagine-toi un rectangle de cent cinquante mètres sur deux cents, entouré d'un mur en pierres carrées de huit mètres de haut et de trois mètres d'épaisseur avec des tours aux angles et au centre. L'intérieur a encore un réduit, le *diomfoutou*, ou logement d'Ahmadou, et là dedans, toujours des cases, des murs, des enchevêtrements bizarres autant qu'inexplicables.

La porte d'entrée dans la tour du centre est très fortement organisée; je t'assure que, même pour nous, je me demande combien de temps et d'hommes nous aurions employé à prendre cette tanière. Il n'y a donc rien d'étonnant à ce que le féroce Ahmadou ait pu résister à tous les efforts du Soudan depuis si longtemps.

Pour ses appartements, misère et décrépitude; mêmes cases que ses sujets, un peu plus hautes, un peu plus vastes, peintes en bleu ciel ou en brun sombre, et c'est tout. On a retrouvé pas mal d'objets abandonnés, quelques fusils Gras, une boîte à musique, de l'eau de Cologne, un assortiment de parapluies tricolores et quelques miroirs. La poudrière contient environ cinq cents tonnes de poudre, des caisses de pierres à fusil, des capsules en quantité. Dans la ville, un approvisionnement énorme de riz, mil, maïs, etc., cinq cents bœufs ou vaches, des centaines de chameaux, que sais-je? — mais de Toucouleurs, point !

Comme les voilà bien, nos soldats d'Afrique!...

Nobles et plantureuses natures, friandes du danger, dégageant de leur être « on ne sait quel fluide attirant d'exotisme, d'aventure et de hardiesse », ne se trouvant bien que là où il y a des coups à donner ou à recevoir.

Qu'importe que l'ennemi recule, que le drapeau soit planté toujours plus avant, que la colonne arrive au terme de son expédition ! Il semble qu'il y ait maldonne si l'honneur de vaincre n'a pas été acheté par celui de verser son sang pour la patrie et si l'on n'a pas eu la chance de se distinguer, dans un corps à corps épique, par quelque prouesse extraordinaire, de celles que les vieux birbes ne considèrent pas comme **un jeu** d'enfant...

XXIV

Anthelme devait bientôt rencontrer l'occasion
tant désirée.

Après une halte de deux jours à Nioro, la colonne se remet en route, laissant une compagnie,
la batterie de 4, la section de 65, une partie des
convois et les hommes malades dans la capitale
d'Ahmadou. Le colonel emmène avec lui les spahis, la batterie de 80, la section de 95, le détachement d'infanterie de marine, les 3e et 7e compagnies de tirailleurs et les compagnies Sansaric,
Morin et Baudot.

Le lieutenant exulte, puisque la 3e est désignée
pour marcher. Et pourtant il ressent depuis
quelques jours les symptômes de cette terrible
soudanite, qui fait tant de victimes.

Oh ! cette fièvre maudite, qui plonge les plus

énergiques dans une langueur, un engourdisse-
ment, un sommeil de mort... Il semble que, par
instants, tout disparaisse ; les êtres et les choses
prennent des aspects de ronde infernale, puis
s'estompent et s'évanouissent en un crépuscule
noyé d'ombre. On perd pied ; on se croirait sur
le bord d'un gouffre noir, sans fond, prêt à tomber dans le vide et anéanti, brisé, on n'a pas la
force de résister à la poussée fatale. La soif est
ardente. Les fiévreux de la colonne n'ont pour
l'étancher que la mare fétide, vers laquelle ils se
précipitent en titubant, buvant à même et repre-
nant leur marche incohérente, jusqu'à ce que l'accès soit passé.

Ainsi d'Anthelme ; mais on marchait à l'ennemi. Il se raidissait contre le mal, tremblait
comme la feuille du baobab au souffle du grand
vent du désert, et pourtant, attaché au pommeau
de sa selle, ruisselant de sueur, puis glacé, il
s'en allait, les jambes ballantes, les pieds en-
foncés dans les étriers africains...

La colonne se dirige vers Kolomina, au sud ;
mais bientôt le colonel est prévenu par des cavaliers, venant de Youri, qu'Ahmadou, avec une
partie de son harem, ses fidèles et ses troupeaux,
est campé entre Léva et Youri. En route, le fils
d'Omar a croisé un groupe de ses femmes qui
s'étaient enfuies de Nioro et qui y retournaient.

Il n'a pas cherché à les reprendre ; il s'est contenté de leur dire d'un air narquois : « Bon ! bon ! vous n'êtes plus mes femmes, vous êtes au colonel, maintenant ; allez le trouver. C'est bien, vous verrez ! » Les fugitives lui ont répondu par des éclats de rire et ont poursuivi leur route. Les Français n'ont jamais fait peur aux femmes...

Quant à Ahmadou, il délibérait tranquillement avec ses chefs sur un plan de retour offensif contre Nioro, lorsque la colonne faisait son entrée à Youri. On s'y arrête à peine : le temps de faire boire les chevaux aux puits et de remplir les bidons des hommes.

A la sortie du village, on aperçoit l'ennemi en masses profondes, à moins d'un kilomètre, dans la direction de Léva, dont les trois groupes de cases sont visibles à l'œil nu, au fond des gorges que forment les versants des collines terminales.

Trois heures du soir.

La colonne s'arrête et prend sa formation serrée. L'artillerie ouvre le tir sur un pavillon blanc qui flotte à douze cents mètres et autour duquel s'agite une fourmilière humaine.

Ahmadou, surpris, a disparu comme par enchantement ; mais Ali-Bouri, qui est d'une autre trempe, a pris le commandement de l'armée et vient hardiment offrir le combat à la colonne, à mi-chemin, entre Léva et Youri. Sous le feu de l'artillerie, il se retranche dans le lit desséché d'un marigot, utilise tous les accidents de terrain, distribue ses hommes dans la brousse et, derrière les baobabs, l'attend stoïquement. Nous allons avoir affaire à des désespérés qui, sous le canon, se groupent autour de leur drapeau blanc aux versets du Coran brodés en soie verte.

Deux heures de canonnade. On s'observe toujours. La nuit s'avance. Si on la laisse venir, nous perdons le bénéfice de la journée et nous risquons une surprise. Femmes, esclaves, troupeaux auront le temps de s'échapper. Coûte que coûte, il faut aller de l'avant et vider la querelle avant la chute du jour.

Anthelme, à ce moment, avait un fort accès de fièvre. Tombé plusieurs fois sans connaissance, au cours de la marche, puis dans cette longue période d'attente, il était étendu presque inerte, au pied d'un arbre, assisté de son vieux Ningo, qui le frictionnait de toute la force de ses poignets, et du docteur qui le bourrait de quinine.

Le colonel envoie au lieutenant Valentin, qui commande par intérim la 3e depuis la mort du brave capitaine Launay, l'ordre de marcher à l'ennemi. La 3e formera le centre de la colonne d'attaque; Sansaric, la droite et Morin, la gauche.

Anthelme entend l'ordre, le bienheureux ordre depuis si longtemps attendu. Il se lève d'un bond. Son visage convulsé s'illumine d'une joie délirante. Son œil lance des éclairs. L'énergie du soldat a triomphé de la bilieuse. La bilieuse! est-ce qu'on peut, est-ce qu'on doit l'avoir quand on a l'honneur de marcher, au premier rang, à l'ennemi?

Et par un effort suprême, pâle, titubant, les yeux hagards, une sueur froide le long des tempes, cadavre soudain galvanisé par un miraculeux élan de bravoure et de patriotisme, le lieutenant tire son sabre, vole au-devant de ses hommes et, leur montrant un gros baobab derrière lequel flotte le drapeau du prophète : « En avant! » leur crie-t-il.

Électrisés par son exemple, les tirailleurs s'élancèrent. Ce fut une lutte épique, héroïque des deux côtés. Les Toucouleurs jouaient leur dernière partie avec un courage fou, insensé, superbe. Heureusement pour nous, ils tiraient mal. « Ce n'est pas de la vraie guerre, criait un marsouin sur les rangs, au plus fort de l'action, ils sont trop maladroits. »

Décimés, fauchés par la mitraille, se moquant des feux de salve et des éclats d'obus, ils se précipitaient ainsi jusque sur la pointe des baïonnettes et engageaient avec les tirailleurs de la 3e un corps à corps sans merci. Un Toucouleur blessé, ayant le ventre traversé par une balle, rampe auprès d'un tirailleur blessé comme lui. Avant de mourir, il veut égorger un des nôtres; il n'est parvenu qu'à lui couper une oreille, quand un tirailleur se retourne, l'achève et interrompt ainsi sa besogne.

Ailleurs, le capitaine Mahmadou-Racine, reconnaissant un de ses cousins parmi les Toucouleurs blessés, l'achève tranquillement, sur la prière de son cher parent qui, invoquant leurs liens de parenté, lui a demandé ce dernier service.

Les petits présents n'entretiennent-ils pas l'amitié?...

XXV

La nuit tombe et la déroute est complète.

Le terrain est jonché de cadavres, parmi lesquels on reconnaît ceux des talibés les plus importants du Fouta : Mahmadou-Alfa, qui portait le drapeau et qui est tombé en le défendant ; Diali Moussa et Diali Samba, conseillers intimes d'Ahmadou ; Oumar Farba Baïda, le grand chef des griots du Toro de Guédé ; le Wolof Farba Diam ; Ali Dia, un chef du Guénar.

Les troupeaux, les chevaux abandonnés errent dans la campagne et sont ramenés par les auxiliaires.

Plus de quinze cents prisonniers sont groupés autour du camp. Beaucoup de femmes dans le nombre : femmes d'Ahmadou, de son frère Bassirou, de son chancelier Seydou Deylia, la mère et la sœur du chef Mourtada, et deux mignonnes fillettes, Fatouma et Aïssata, filles de Baba-Olibo, le grand marabout :

Ahmadou et ses cavaliers avaient donc fui encore une fois ; mais toutes les femmes, ses captifs et ses troupeaux restaient à Youri. C'est là que nous les avons ramassés le 4 au matin : environ deux mille femmes, hommes et enfants. Quant aux troupeaux, je ne crois pas exagérer en les évaluant à trois mille bœufs ou vaches, un millier d'ânes, deux cents chevaux et une quantité innombrable de moutons et de chèvres.

Nous avons ramené tout cela à Nioro et, hier, on a distribué les captifs aux tirailleurs, aux spahis, aux conducteurs, etc. Cette opération est absolument répugnante ; bien qu'on ne dût pas séparer la mère de l'enfant à la mamelle, on donnait un lot de captives par compagnie, et les officiers étaient chargés de la distribution. C'est révoltant ! Mais que faire de tous ces gens-là qui viennent d'eux-mêmes se remettre comme captifs aux mains du Grand Chef ?

Les spahis font la chasse à la colonne ennemie et vont incendier Léva. Pendant ce temps, le colonel fait sonner le rassemblement et installe son camp pour la nuit, en se gardant contre tout retour offensif. Bien lui en prend ; car, si Ahmadou se sauvait à toutes jambes et pour ne plus revenir, Ali-Bouri n'avait pas dit son dernier mot. A onze heures et demie du soir, avant que la lune ne se levât, il vint bravement attaquer les avant-postes et essaya de pénétrer dans

l'intérieur du camp, à la tête de deux ou trois
cents Toucouleurs.

Le lieutenant Morin reçut dans la bagarre un
grand coup de sabre qui lui taillada la figure.
Quant à Anthelme, étendu sous sa tente, affaissé,
tremblant de fièvre, il n'a plus qu'une vague notion des choses et il rêve, au bruit du canon, qu'il
est sur le chemin de la gloire...

Écoutons — et de sa bouche même — ce
récit du combat d'Youri, si simple dans sa mo-
destie, si palpitant de vie et d'intérêt :

6 janvier.

Enfin ! j'ai fait quelque chose !... Malheureusement,
je n'ai pas été blessé. Dans la nuit du 2 au 3, *on* apprend qu'Ahmadou est à Youri, à trente kilomètres
sud *de Nioro.* A six heures du matin, nous partons,
moi pas très fier, avec mon accès, si peu fier qu'au
bout de deux heures de marche je tombe de cheval
et qu'on me recueille dans une voiture après m'avoir
fait deux piqûres de quinine : il paraît que j'avais le
fâcheux accès pernicieux.

Je n'ai plus notion de rien jusqu'à quatre heures du
soir. A ce moment, j'entends le canon, je me précipite, je rejoins ma compagnie qui était en avant-
garde, on nous fait marcher en avant par échelons de pelotons contre les sofas et les talibés
d'Ahmadou, qui couvraient sa fuite. Nous avons su
après qu'ils avaient tous juré de mourir, — c'est ce
qu'ils ont fait. Le vieux singe surpris à Youri, mais

mille fois mieux monté que nous, avait pris encore une fois la clef des champs, en laissant son armée derrière lui. La 3ᵉ compagnie (Valentin et moi) formait la gauche ; puis les vingt-cinq hommes de l'infanterie de marine, — c'est tout ce qu'il en reste ; — puis la compagnie Sensaric ; et, à droite, la 7ᵉ en réserve, Morin.

L'objectif principal était un vieux baobab autour duquel se manifestait une certaine agitation. Nous avançons jusqu'à environ cent mètres dudit baobab, quand, tout à coup, se dressent, à vingt pas de nous, une multitude de canons de fusil tenus chacun par un *salopard*.

La pétarade commence, j'ai une peine inimaginable à arrêter le feu rapide de mes hommes ; puis, tout de suite, en avant à la baïonnette !

Je n'ai maintenant plus qu'un vague souvenir de ce qui s'est passé. J'ai notion de trois Toucouleurs me visant à trois pas, puis mon sabre refusant d'entrer dans le ventre d'un grand escogriffe, qui, à ce moment, a reçu fort heureusement un très grand coup de baïonnette qui l'a fort marri ; puis les cris de triomphe des tirailleurs, et je me trouve seul très en avant, brûlant la cervelle à un brave sofa qui, après avoir déchargé sur moi son dernier coup de fusil, ramassait des cailloux pour me les projeter par le travers de la figure.

Je vois à ce moment Valentin le dos tout emporté par un pied de marmite quelconque ; il faisait triste figure. Puis, éreinté, je m'évanouis comme une carpe et je m'éveille cinq minutes après devant le colonel, qui félicite la compagnie et me fait un petit *laïus* se résumant en ce que j'étais certainement très remarquable, qu'il me remerciait et ne l'oublierait pas.   .

Ce que je me rappelle aussi de drôle, c'est tout à fait au commencement, un groupe de douze cavaliers sortant à vingt pas de nous, de derrière un buisson, et nous piquant droit dessus... Feu de salve ! et tout dégringole à la fois, chevaux et cavaliers : c'est la note gaie. Ce qu'il y a de moins drôle, c'est que, sur soixante hommes de mon peloton, j'ai trente-neuf blessés et huit morts. Quand j'ai fait l'appel, ça a jeté comme un froid...

Quant aux Toucouleurs, pas un n'a fui ; tous sont morts à leur poste. Beaucoup, n'ayant plus rien à tirer, se mettaient à genoux et disaient tranquillement leur chapelet en attendant le coup final. On a su que c'étaient les talibés, c'est-à-dire les égaux d'Ahmadou, ses pairs, la crème de l'armée. Si, au lieu de les avoir comme ennemis, nous avions les Toucouleurs avec nous, l'Afrique ne serait pas longue à prendre.

Le soir, au camp, vers dix heures, trois cents cavaliers, conduits par Ali-Bouri, viennent attaquer la face arrière. Morin les repousse à la baïonnette, mais reçoit un coup de sabre qui lui coupe la figure en deux ; il espère qu'il sera décoré, car il a été joliment bêché.

Résumé : le colonel me propose pour le grade : « Quoique atteint d'un accès pernicieux, a, avec une bravoure remarquable, conduit son peloton au feu et enlevé une position défendue avec acharnement. »

Le héros de Youri, félicité devant les troupes, obtenait une belle et bonne citation à l'ordre du jour, — un nouveau pas sur le chemin du petit bout de ruban rouge, — et, dans son rapport au

Président de la République, le colonel burinait en quelques lignes cette scène épique, au bas de laquelle on pourrait écrire le mot de Bossuet qu' « une âme guerrière est maîtresse du corps qu'elle anime » :

Le sous-lieutenant de la 3ᵉ compagnie, atteint d'un accès pernicieux, s'était fait soutenir par deux tirailleurs, pour combattre et commander. Il avait retrouvé assez de force pour courir avec son peloton, pendant les charges à la baïonnette, et c'est avec émotion qu'après le combat je félicitai ce brave qui, affaissé, à bout de forces, rayonnait cependant de la joie que donne le devoir si noblement accompli (1).

(1) Rapport du colonel Archinard, commandant supérieur du Soudan, au Président de la République. — *Journal officiel* du 12 octobre 1891.

XXVI

Comment lutter contre de pareils hommes,
eût-on la ténacité et la bravoure folle d'un Ali-
Bouri ?

Aussi Ahmadou continue-t-il à fuir, à longues
enjambées, sur le plus leste de ses dromadaires.
Serré de près par les spahis du lieutenant Marchand, il se faufile à travers les marigots, se
jette dans le désert et se réfugie sous la tente de
son frère Mounirou, le successeur de Tidiani,
mort en 1888.

L'empire d'Omar le Pèlerin a cessé d'exister.

Et, dès lors, ce ne sont plus que défilés intéres-
sés au camp du vainqueur. Les noirs des tribus
voisines viennent faire leur soumission au
« Grand Chef ». Le « Grand Chef » a vaincu, il

est le plus fort ; Dieu est avec lui ; il faut lui
obéir. « La force, dit le colonel Archinard, est
une chose sainte pour les musulmans noirs, elle
vient de Dieu. Ils l'admettent, ils ne cherchent
pas d'autres raisons à leurs luttes contre les in-
fidèles : ils font la guerre, parce que Dieu leur a
donné la force, ils admirent la force et vous disent avec la plus grande candeur : « Je t'aime
parce que tu es fort. » La plupart des lettres par
lesquelles les musulmans annoncent à Ahmadou que nous les avons chassés du Ségou commencent par ces mots : « Nous avons reçu le
jugement de Dieu (1). »

Tel est le secret de cette invasion noire, pacifique cette fois, qui se précipite vers le quartier
général.

Ayant subi le jugement de Dieu, les pèlerins
viennent demander l'aman au Grand Chef.
Hommes, femmes, vieillards, enfants, entremê-
lés dans un désordre pittoresque, s'agitent,
poussant de petits cris gutturaux, se prosternant,
saluant d'un *kéou* ! (2) respectueux et craintif
les spahis qui circulent, méprisants et affairés,
le fez arabe fièrement campé sur l'occiput, la
veste rouge entr'ouverte sur la poitrine velue.

(1) Rapport du lieutenant-colonel Archinard, — *Journal
officiel* du 14 octobre 1891.
(2) Bonjour.

Mais, quand le soleil s'éteint dans les vapeurs
empourprées, à cette heure du crépuscule où,
sous d'autres cieux, tintent les coups de l'Angelus, où, dans les vallées savoyardes, les bergers ramènent *a'r'on mouai le tropai* à l'écurie de
la ferme, tout ce peuple noir se prosterne le
front dans la poussière. Voici l'heure sainte : on
oublie alors les préoccupations terrestres, et ces
fidèles de l'islam font la prière du soir.

Les femmes et les fillettes sont curieuses à
voir, la plupart horribles et grimaçantes, avec
leurs colliers de grigris, leurs ceintures de
verroterie et les longues mèches de leur cheve-
lure tressée en cordelettes, au bout desquelles
scintille une perle de corail. Quelques-unes présentent cependant ce type kassonké qu'a fixé le
pinceau magique du peintre des pays d'Orient :
« une fine petite figure grecque, avec une peau
noire et lisse comme de l'onyx poli, des dents
d'une blancheur éclatante, une extrême mobilité
dans les yeux, deux larges prunelles de jais sans
cesse en mouvement, roulant de droite et de
gauche sur un fond d'une blancheur bleuâtre,
entre deux paupières noires. »

Telles Fatouma et Aïssata, les deux fillettes
qui sont échues en partage à Anthelme, après le
combat d'Youri, pauvres gazelles noires effa-

rouchées, bientôt rassurées par la bonté paternelle du *toubab,* qui les a installées dans une câse, où elles ne manquent de rien et prennent leur part de l'ordinaire des captifs.

Car, là-bas, c'est la loi, et les auxiliaires ne combattent que pour leur part de butin : les vaincus deviennent les esclaves du vainqueur, sa chose, son bien, sa marchandise, dont il trafique pour quelques *copers*, comme d'un vulgaire bétail.

XXVII

Heureuses dans leur malheur, les petites captives qui tombent au lot d'un cœur généreux et bon, d'un cœur de chrétien et de Français!...

Car, s'il était terrible, le sabre à la main, le *marsouin* se retrouvait humain et doux quand il l'avait remis au fourreau. Il se faisait un coin de France dans son campement soudanais : il y en avait toujours un dans son cœur. Les nègres l'adoraient. Bien vite, les négrillonnes se prirent à l'adorer aussi, à ne plus trembler en sa présence, quand le *toubab* faisait la revue de son effectif et présidait lui-même à la distribution des vivres.

Et lui, de reprendre sa belle humeur, qui ne le quittait guère que sous l'étreinte de la soudanite. De la vaste case, où il habite avec un camarade, il écrit cette jolie page, qu'on dirait extraite d'un roman de Loti, avec, en plus, une pointe de jovialité qui est loin d'en atténuer le charme :

Ce qui me console de notre pénurie de *vivres civilisés*, — nous n'avons plus de biscuit, plus de sucre, plus de café, plus de vin, rien enfin, — c'est que je puis absorber des décalitres de lait et des quintaux de bonne viande de toute sorte.

Nous sommes maintenant installés en attendant le convoi de ravitaillement ; nous avons, Valentin et moi, une grande bonne case où nous sommes comme des princes.

Dans notre cour grouille toute notre maison militaire que je vais te présenter. D'abord, notre cuisinier Bilali, petite rosse de douze à quinze ans, sale comme un peigne, cuisinier comme ma pantoufle ; mon larbin Coulibaly, grand escogriffe qui a reçu, l'autre jour, une balle dans la *ganache,* en m'apportant de l'eau sur le champ de bataille ; puis mon deuxième larbin Noumoké-Kolé, chargé de porter mon casque et de préparer mon lit, — ces deux messieurs touchent tous les mois chacun ... francs sur ma cassette, plus la ration du gouvernement ; — puis les deux larbins de Valentin, Maka et Moïse.

Ce dernier est un Toucouleur blessé à Kouniakary en septembre dernier. Ramassé après la bataille, Valentin le fait fusiller par les Kassoukés, trois fois les fusils ratent. Valentin lui fait alors grâce et l'engage à son service en lui donnant le nom de « Moïse sauvé du feu ».

Puis Nermambi, domestique du docteur, qui mange avec nous ; puis nos deux ordonnances, Ningo-Koné et Soukarou-Diarra, qui nous servent je ne sais trop à quoi, enfin tous les captifs de tous ces phénomènes, leurs femmes, etc...

Pour couronner le tout, dans une case à côté de la nôtre, Mlles Fatouma et Aïssata, filles de Baba-Olibo, grand marabout d'Ahmadou, prises à Youri et actuellement les très humbles servantes de ton serviteur.

Ce n'est point qu'elles aient un profil absolument archaïque, je doute fort qu'elles eussent obtenu le moindre accessit au dernier concours de beauté ; mais elles sont jeunes, douze ou treize ans tout au plus, et très drôles, ne regrettant pas du tout leur ancienne splendeur.

Un peu plus loin se trouvent nos écuries, surveillées par nos deux palefreniers et renfermant nos deux chevaux et nos dix ânes de prise.

C'est une maison absolument royale ! Si seulement nous avions de temps en temps un vieux *trognon* de pain ou un verre de piquette ! mais, que veux-tu, le bonheur parfait n'est pas de ce monde !

XXVIII

Et, pour beaucoup de ces braves enfants, c'est
la mort, la mort à l'ambulance sommairement
installée, privée souvent du nécessaire... Son-
gent-ils à s'en plaindre ? Non point. Rien n'altère
leur énergie et leur bonne humeur :

Les bilieuses font pas mal de victimes, et le cimetière de Nioro s'est, depuis trois jours, sensiblement
accru. Les artilleurs et l'infanterie de marine ne vont
pas du tout et meurent comme des mouches. Parmi
les officiers, presque tous sont malades, deux ou trois
gravement atteints. Lucciardi, mon commandant de
compagnie, a, depuis huit jours, une bilieuse hématurique qui se porte bien ; c'est pourquoi, en son absence, Valentin est à la compagnie.

Pour moi, j'ai eu un accès pernicieux que le combat d'Youri m'a guéri du coup, et je me livre actuellement aux doux plaisirs de la chasse.

Valentin grogne, sa blessure lui fait mal. C'est égal,
il a eu de la chance ; un projectile énorme, venu de

côté, lui a raclé les omoplates sur une longueur de vingt centimètres, une profondeur d'un centimètre et une largeur de quatre ou cinq ; il est obligé de dormir sur le ventre, ce qui n'est point sans le vexer. Morin a la figure emmaillotée ; son coup de sabre va de l'oreille au bout du nez : bien appliqué !...

Qu'allons-nous faire maintenant ? On parle d'une expédition sur la rive droite du Niger, où notre ami Samory s'agite et manifeste le besoin de recevoir *une raclée*. Je ne demande que ça et un peu plus de veine que dans cette campagne-ci.

Et cependant le jeune officier songe bien souvent au pays, il voudrait recevoir des nouvelles, et les courriers n'arrivent pas ! Il supplie qu'on ne le laisse pas ainsi sous le poids d'un silence, sans doute bien involontaire, mais lourd au cœur de l'absent :

Ce qui m'ennuie, c'est qu'avec ces marches continuelles et ces départs subits je n'ai pas encore reçu une seule lettre de là-bas : tu ne peux te figurer ce que cet isolement est pénible à supporter.

Où êtes-vous ? que faites-vous ? comment vous portez-vous ? toutes choses qui me manquent et que j'attends en vain chaque jour. Écris-moi souvent, mon cher frère, donne-moi beaucoup de détails et, je te prie, envoie-moi tous les journaux possibles, tous les vieux *rogatons* que tu trouveras partout, n'importe quoi, *Figaro*, *Temps*, *Journal officiel*, ça m'est égal ; mais de quoi lire, Seigneur ! et ne pas m'abrutir au milieu de tous ces nègres idiots !

Embrasse mille fois pour moi papa, maman, frère,

Ida et nos *gosses* (1), et dis-leur bien que, si je ne leur écris pas plus souvent, ce n'est pas l'envie qui m'en manque, mais les moyens de transport. On dit que notre dernier courrier a été enlevé par les Foutonkès, entre Matam et Saldé. Charmant ! enfin, sois sûr que chaque fois que je le pourrai, je ne manquerai pas de t'envoyer mon journal d'opérations, dont tu communiqueras ce que tu croiras à la famille. Tu m'avais recommandé de mettre entre parenthèses les fioritures et adjonctions ; c'est bien inutile ! Ce que nous avons est assez curieux pour me dispenser de frais d'imagination.

Au revoir, mon cher frère, et j'attends avec impatience des nouvelles de tous.

A.

(1) Les neveux du jeune officier.

XXIX

Ahmadou s'était sauvé de Youri vers le nord. Son armée dispersée fuit dans toutes les directions. Ses fidèles, son chancelier Seydou Deylia et sa grande favorite Diaminatou ne savent où rejoindre la Majesté déchue.

Dès le 3 janvier, le colonel s'est mis en communication, depuis Nioro, avec les lieutenants Marchand, Charbonnier et Hardiviller qui, de Tourougoumbé et de Gambo, et plus au nord jusqu'à Dianghirté et Saßoné au sud, ferment toutes les routes avec les contingents bambaras du Bélédougou et empêchent les Toucouleurs de se rallier.

Le 8 janvier, grand émoi au quartier général.

Le lieutenant Marchand arrive à Nioro ; il en repart le jour même avec la mission d'établir une entente entre les Bambaras de Digna et les rares survivants de Ouossébougou, dont le chef n'est autre que Diadé Diari, le fils de Baudiougou Diara, qui, lors de la prise du village, s'est fait sauter plutôt que de se rendre.

Le 13 janvier, retour du lieutenant, qui a pleinement réussi dans sa mission. Plusieurs chefs bambaras l'accompagnent. Il les présente au colonel entouré de ses officiers. Anthelme et ses camarades assistent à une manifestation délirante. Rien n'égale la joie « de ces bonnes et grossières natures de vieux guerriers farouches, pillards, cruels même, mais francs et souvent braves », en pénétrant dans le repaire de cet Ahmadou maudit, qui fut leur plus grand ennemi.

Ils étaient là tout un brillant état-major, monté sur de fringants chevaux, richement caparaçonnés : Diocé, l'ancien généralissime de la colonne bambara de Ouossébougou ; Falil, qui venait de lui succéder dans son commandement ; Makono, le chef du canton de Mercoïa ; Boulongo, le chef de Daba ; et de jeunes guerriers, les fils des vieux chefs de Toubabougou, de Massantola, de Nonko, de Mourdia, de Gansané, de Tiorébougou, de Diago, de Ouäita, de Balé, de Sountiana et encore de toute une théorie de villages en *a*, en *é*, en *o* et en *ou.*

Le colonel les accueille avec bienveillance; il leur expose ses plans d'organisation du pays et, comme signe d'amitié, il fait distribuer aux notables bambaras des cadeaux, dont ceux-ci ne paraissent point embarrassés, et sur lesquels ils se jettent en poussant des cris gutturaux de satisfaction: tabatières, poignards, turbans, rasoirs, miroirs.

Les femmes n'ont point été oubliées : il y a pour elles des ruisseaux de verroterie, et lorsque le colonel remet au vieux Diocé pour ses petites filles des poupées de France qui ouvrent et ferment les yeux, l'enthousiasme fait place à la vénération : jamais grigris ne furent l'objet d'un pareil culte. Et pourtant, elles ne parlaient pas, comme celles que, sept ans plus tard, le Président de la République devait offrir à la petite grande-duchesse Olga...

Le mois de janvier se passe en escarmouches, en patrouilles, en reconnaissances et en petits combats. Un camarade d'Anthelme, le sous-lieutenant Keller, un brave petit Alsacien tout frais émoulu de Saint-Cyr, part en colonne, quoique exténué. Il a sollicité l'honneur d'aller de l'avant quand même : « Moi, je peux me fatiguer pour le service, il n'y a pas de danger ; je ne me fatigue jamais autrement; je ne fume pas, je ne bois pas, je ne me mets jamais en colère. »

Il revient, après avoir mis en déroute une bande de Toucouleurs, sous les ordres de Baba, frère d'Ali-Bouri ; mais c'est pour mourir. Comme le capitaine Lejeune, un accès de fièvre hématurique l'emporte en deux jours.

Quant à Anthelme, il attend patiemment le retour de la colonne de ravitaillement qui, sous les ordres du commandant Ruault, va pousser une pointe jusqu'à Koniokary pour revenir ensuite à Nioro.

Le commandant emmène avec lui la 7ᵉ compagnie, capitaine Hugueny, la compagnie Morin, les marsouins du lieutenant de Tavernier, les spahis du lieutenant Compagnon et la batterie de 80 du capitaine Faniard.

Départ le 7 janvier.

Le 9, étape à Kersignané, où l'on apprend qu'une bande de Toucouleurs rôde dans les environs.

Le 10, arrivée à Krémis.

Le 11, on se remet en route, à cinq heures du matin. Le commandant envoie les spahis en reconnaissance jusqu'à Bandiougoula. Les éclaireurs trouvent l'ennemi campé au pied d'un massif montagneux, près d'une mare située dans une gorge profonde. Il paraît ne se douter de rien.

Vite, le commandant fait passer les femmes et les non-valeurs à l'arrière et s'avance en terrain couvert jusqu'à une distance de trois cents mètres de Bandiougoula. Là il forme sa petite troupe en colonne de combat. Un peloton de la 7ᵉ ouvre la marche.

Il est midi et demi. Après avoir parcouru deux kilomètres à travers champs, on aperçoit à quelque distance, dans un terrain légèrement boisé, un parti de cavaliers ennemis qui se replient.

Un marigot est franchi. Plus loin, à travers la brousse, voici les Toucouleurs. Tirez les premiers, Messieurs les noirs ! De fait, ils tirent les premiers. On leur répond par des feux de salve et une volée de mitraille. L'ennemi riposte du haut d'un mamelon en saillie sur le flanc de la montagne. La 7ᵉ compagnie escalade la position à la baïonnette, balaye tout sur son passage et s'y établit fortement.

Les Toucouleurs sont acculés. Vainement essayent-ils de défendre le lit d'un petit cours d'eau qui traverse l'entrée de la gorge : ils en sont pourchassés. Le capitaine Faniard s'établit au-delà et fouille la brousse à coups d'obus.

L'ennemi s'efforce alors de tourner la droite du

commandant Ruault ; mais celle-ci est dégagée
par une charge brillante à la baïonnette qu'exé-
cute la compagnie Morin. Les noirs s'enfuient en
désordre vers la gorge, où ils sont décimés par
les feux de salve de la 7ᵉ compagnie, établie sur
le mamelon. Les survivants tentent de se sau-
ver par les pentes abruptes de la montagne. Certains s'accrochent désespérément aux anfractuo-
sités des rocs ; l'artillerie les éparpille et les
met en bouillie.

A quatre heures, le combat est terminé.

Le lendemain, la colonne continue sa route
jusqu'à Koniokary. Le 23 janvier, le commandant rentre à Nioro, ramenant avec lui la vaillante 7ᵉ, la compagnie Morin et les spahis.

La campagne du Kaarta, commencée en juin
1890, reprise en décembre, est ainsi heureusement terminée. Elle assure notre route vers le
Niger, détruit au centre du Soudan un foyer redoutable de résistance à l'influence française, et
facilité le ravitaillement des postes échelonnés
sur la route de Tombouctou la mystérieuse.

XXX

Lors de la prise de Ségou, le colonel Archinard avait donné le pouvoir à Mari Diara, le successeur direct des Bambaras détrônés par les Toucouleurs. Le capitaine Underberg y avait été installé comme résident, ayant sous ses ordres une petite garnison.

Pour surveiller Mari Diara, prévenir ses exactions et contre-balancer son influence, Nango et les villages voisins furent détachés de l'État de Ségou et placés sous l'autorité d'un chef indigène, un vieux Bambara de nos amis, qui avait fait ses preuves, Bodian, sorte de Nestor du continent noir, d'un caractère doux et égal, point ivrogne, quoique fétichiste.

Mari Diara, en sauvage convaincu et pratique, ne tarda pas à trouver « qu'une royauté qui ne permet pas de piller n'en est pas une » et que sur trois rois, le résident, Bodian et lui, il y en avait deux de trop.

De là complot, et complot visant bel et bien à supprimer les deux gêneurs ; mais le résident, prévenu, attendit un faible renfort qui lui était annoncé sous la conduite du brave lieutenant Spitzer, — encore un disparu ! — fit saisir les conjurés et substitua, sans autre forme de procès, le fidèle Bodian au traître Mari Diara.

Une province, située à l'est du royaume de Ségou, au-delà du Mayel Balevel, le Baninko, ne voit pas d'un bon œil cette substitution d'une dynastie de Massassis à celle des Diaras. Elle se soulève et un autre roitelet, Mademba, ami sincère de la France, se charge de la mettre à la raison... Curieuse figure que cet indigène sénégalais,- parlant à merveille la langue française, ayant fait de bonnes études scientifiques et décoré de la Légion d'honneur, comme employé du télégraphe et auxiliaire de l'armée.

Pendant ce temps, l'ami Bodian est occupé au siège de Kinian, de concert avec Tiéba, notre allié, le roi du Kénédougou et le capitaine Quinquandon, qui a le commandement de la petite armée indigène, renforcée d'une escorte de spahis, de tirailleurs et d'une pièce d'artillerie.

Tiéba est un ancien esclave, qui a eu l'art de se tailler, en plein Soudan, un empire de soixante mille kilomètres carrés.

Ami et protégé de la France, il guerroie contre Samory et le capitaine Quinquandon est accouru pour lui prêter main-forte. Mais Samory est un malin : plus brave qu'Ahmadou, aussi insaisissable que lui, il se défend avec acharnement. Ses gens font parade d'un mépris de la mort et d'un courage insensé; ils luttent pied à pied, de village en village.

Soutana ne s'est rendu qu'après la défaite d'une troupe de secours envoyée de Kinian. Koulila a fait une résistance désespérée et a dû être enlevé d'assaut.

Bref, depuis le 17 octobre 1890, le siège est mis devant Kinian, défendu par Kouroumina, l'un des plus vaillants lieutenants de Samory.

Le canon du capitaine avait, au début, ouvert la brèche. Tiéba s'était réservé l'honneur de pointer le premier coup : quand l'obus tomba au milieu du tata, il eut une joie d'enfant. Les noirs, électrisés par son exemple, n'étaient pas hommes à reculer devant le danger; mais, superstitieux à l'excès, ils se laissaient avec une résignation tranquille tuer sur le rempart plutôt que de s'aventurer au delà.

« Un village de roi, disaient-ils, ne se prend pas comme cela; on ne sait jamais ce qu'il y a dedans; Kouroumina doit avoir de forts grigris. »

Avec de pareils hommes, le capitaine Quinquandon avait, lui, de forts sujets de mécontentement. Aussi valeureux qu'habile, résistant avec une énergie surhumaine aux atteintes d'une longue et cruelle dysenterie, il était parvenu à empêcher ces singuliers assiégeants de se débander; mais il avait dû renoncer à tenter l'assaut et transformer le siège en blocus, non sans craindre, sur ses derrières, une brusque attaque du « doux Samory ».

XXXI

Ce satané Samory est bien l'une des figures les plus remarquables et les plus suggestives du continent noir. On a comparé son génie politique à celui de Méhémet-Ali. On pourrait dire de lui qu'il est le Napoléon Ier du centre de l'Afrique.

« Ses origines sont des plus communes, — dit un de nos officiers qui l'a vu de très près. Fils d'un pauvre colporteur du Konia, il avait, tout jeune encore, aliéné sa liberté et mis sa bravoure au service d'un roi des environs, pour sept ans, en échange de la liberté de sa mère, faite prisonnière dans une razzia.

« Les sept ans accomplis, il refusa les richesses et les honneurs que lui offrait son maître, par crainte de sa vengeance, et retourna, pauvre et nu comme il était venu, dans son pays d'origine.

« Il avait vingt-cinq ans à peine.

« En peu de temps, il devint chef d'armée, sur le renom qu'il s'était fait pendant son glorieux servage ; il leva, pour son compte, dans son propre pays, une colonne, qui devait grossir à chaque nouveau succès et devenir bientôt une armée avec laquelle les chefs voisins eurent à compter.

« A trente ans, Samory était maître ou suzerain de tout le Ouassoudou. Il avait créé un grand nombre de places fortes, et, ayant ainsi une base d'opérations solide, il se lançait dans des expéditions de longue haleine. Presque toujours vainqueur, soit par la supériorité du nombre, soit par son habileté tactique, il devenait en moins de dix années le monarque le plus puissant de ceux qui ont jamais régné dans l'Afrique occidentale. »

Cent cinquante-sept petits États sont placés sous sa suzeraineté. Son royaume est plus grand que la France : il a pour limites le Dahomey, le Sierra-Leone, les postes français des rivières du Sud, le Dialou-Kadougou et le moyen Niger, jusqu'à l'empire de Ségou, ainsi qu'une ligne conventionnelle qui va, chaque jour, s'arrondissant dans l'est, à plus de quarante-cinq journées de marche du haut Niger.

L'Almany est, dans ces régions, notre ennemi le plus redoutable. Il a sous la main une armée de cinquante mille hommes, dont cinq mille cavaliers bien montés et d'une suprême audace. Entraînés par une série de campagnes et doués d'un tempérament très belliqueux, les soldats de Samory se sont, dès 1882, mesurés dans vingt combats avec les nôtres.

Dès 1882, nous nous trouvions face à face avec eux sur le Niger et nous leur disputions pied à pied, — au prix de quels sacrifices, ces solitudes mystérieuses pourraient seules le dire, — la possession de la rive gauche.

De 1882 à 1886, pendant les huit mois de la saison sèche, le bassin du Niger fut le théâtre d'une lutte acharnée.

En 1885, ployant sous le nombre, après le siège de Niafadié, soutenu par les capitaines Louvel et Dargelos contre une armée de dix mille Malinkés, et le glorieux combat de Koomodo, la petite colonne du commandant Combes faillit être anéantie. La victoire du Kokoro sauva cette héroïque phalange.

Mais l'Almany est tenace : il ne se tint pas pour battu. En dépit des pertes énormes qu'il avait subies, il ne cessa de harceler la colonne, poussant l'audace jusqu'à incendier Niagassala, puis Sitakoto, à mi-chemin de Kita ; et il s'installa pendant tout l'hivernage à cheval sur toutes les routes donnant accès au Niger, sauf celle de Bamako.

Une nouvelle expédition fut alors décidée. Le

colonel Frey arriva à Kita. En trois marches forcées de plus de cinquante kilomètres chacune, il atteignit le camp de Malinkamory, le frère du sultan noir, lui infligea deux défaites sanglantes et le rejeta sur le Niger.

Samory, qui est un fin politique, se décida alors à donner suite aux pourparlers pacifiques qu'il avait entamés avec le commandant du fort de Niagassala, le lieutenant Peroz. Une mission, composée de celui-ci, du capitaine Tournier, de notre ami Mahmadou Racine et de l'interprète Attassane, fut chargée de négocier la paix.

Elle se rendit à Kenebia-Koura, la résidence d'été de l'Almany, et signa avec lui un traité par lequel il nous abandonnait la rive gauche du Niger sur plus de deux cents kilomètres de son cours au sud de Bamako, ainsi que le Bourré, le pays de l'or. Des avantages spéciaux étaient de plus garantis au commerce français. Samory nous restituait tous les captifs qu'il avait enlevés dans ses expéditions sur les territoires reconnaissant notre autorité, s'engageait vis-à-vis de nous par une alliance offensive et défensive et envoyait en France son fils préféré Diaoulé-Haramoko en ambassade auprès du chef de l'État (1).

---

(1) Ces intéressants détails nous sont fournis par la très belle relation du lieutenant Péroz parue dans la *Revue illustrée* (septembre à novembre 1886) sous le titre de *Chez l'Almany Samory.*

Tout paraissait donc aller pour le mieux dans le meilleur des continents noirs possible ; mais comptez sur la bonne foi des Malinkés!... Samory respecte le traité juste le temps nécessaire pour en tirer avantage et se procurer les armes qu'il rêve déjà de tourner contre nous.

Bientôt il jette ouvertement le masque. Dans tous les soulèvements de tribus, on retrouve dès lors l'influence secrète du terrible Almany.

C'est encore lui qui se dresse devant nous, derrière les remparts de Kinian.

Allons prêter main-forte à l'ami Tiéba et au capitaine Quinquandon !

XXXII

Le colonel Archinard se décide donc à marcher de Nioro sur Ségou.

La nouvelle est connue au camp dès le 27 janvier.

Anthelme en exulte de joie. Il s'agit maintenant de ne pas manquer le coche et d'être au nombre des heureux élus ; car le colonel n'emmène qu'une partie de son effectif et dirige sur Kayes les malades, les libérables et les gens fatigués.

La 3ᵉ compagnie est déjà en route pour ce poste de repos ; mais Anthelme a trouvé moyen de permuter avec un camarade, il est maintenant à la 7ᵉ, et la 7ᵉ, ô bonheur ! est au premier rang de celles qui doivent marcher.

Les compagnies Morin, Sansaric et Marchand, de vieilles connaissances, seront aussi de cette nouvelle expédition ; puis un peloton de spahis et une section d'artillerie : le tout représentant vingt-quatre officiers, environ sept cents hommes, deux cents porteurs, cent dix-huit chevaux et quatre-vingt-trois mulets.

Cent bœufs, vingt vaches laitières et vingt moutons accompagnent la colonne. Des ânes et bœufs porteurs sont fournis par les tribus amies.

Le 28 janvier, tout est prêt pour le départ. Grande revue à Nioro, sur la place de la Mosquée ; et le 29, à quatre heures du matin, on se met en route par un magnifique clair de lune.

A Diambélé, rencontre de l'ami Mademba, qui amène au colonel les anciens sofas d'Ahmadou ralliés, dont il a pris le commandement. Ce n'est pas, certes, une quantité négligeable : ils sont environ deux mille. Avec leurs femmes, leurs enfants, leurs esclaves et leurs captifs, avec les Somonos et les indigènes originaires des bords du Niger, qui ont obtenu la permission d'y retourner, c'est une bande de sept mille unités des deux sexes.

Mademba est chargé, chemin faisant, de quelques petites missions dans divers villages et de proclamer partout ce que nous attendons des Bambaras en échange de nos bienfaits. Il doit

diriger vers nous les Maures rencontrés avec
des dattes pour permettre de les leur acheter et
de faire aux tirailleurs des distributions compen-
sant quelque peu ce qui manque à la ration ordinaire, sucre, café, vin ou tafia.

Étrange, le défilé de la smala de ce sympathique auxiliaire.

La plupart des femmes font l'étape à cheval.
Les sofas prêtent galamment leur monture à
tour de rôle, et toutes ces amazones ont l'air
heureux et fier, montant crânement à califour-
chon, un ou deux moutards en croupe.

« Dressées sur leurs étriers, elles s'attardent
parfois à cueillir des fruits des tombourous, dont
le pays est couvert, et rejoignent au galop,
battant de leurs talons, tant qu'elles peuvent, les
flancs de leur cheval. D'autres sont grimpées sur
des ânes ou des bœufs porteurs. »

Mademba, la croix de la Légion d'honneur
épinglée à son bouton, précédé par des griots
et des joueurs de flûte, marche en tête.

On ne reconnaîtrait plus en lui, sous son
accoutrement bizarre, le noir de Saint-Louis,
plus fort en physique et en chimie qu'un de nos
bacheliers, et qu'on prenait par avance, sur nos
boulevards, à Paris, en 1883, pour quelque
grand souverain noir. « Je suis seulement em-

ployé du télégraphe, répondait-il, et au service
de la France. »

Il l'est toujours, au service de la France, et
il y restera estimé et aimé de tous ceux qui l'ont
cu sous leurs ordres et qui l'ont vu combattre (1).

Anthelme était de ceux-là.

____

(1) Cf. Rapport du lieutenant-colonel Archinard, — *Journal officiel*, numéro du 15 octobre 1891.

XXXIII

Et tout ce monde accompagne la colonne, marchant tantôt derrière elle, tantôt sur les flancs.

Campement à Yéréré, le soir du 29 janvier, et le lendemain à Tourou-Goumbé, au camp où d'ordinaire Ahmadou formait ses colonnes.

A partir de là, les villages sont de plus en plus clairsemés. On dresse la tente, le 31 janvier, au bord de la mare de Gakon ; le 1er février, auprès de celle du Petit-Guéséné. Là, un jeune chef, Alfa Souka, de la tribu des Peulhs Sambourous, ennemi acharné d'Ahmadou, vient présenter au colonel ses félicitations au sujet de la prise de Nioro et lui offre deux chevaux en présent.

Anthelme est toujours dans d'excellentes dispositions :

1er février.

Bafoulabé à Dakar. Vais bien. Pas le temps d'écrire, vous embrasse.

A...

Le 2 février, longue et pénible étape. Route sablonneuse. Les mulets ne tirent qu'avec peine. Végétation appauvrie. Pas d'arbre. Pas d'ombre. Pas d'eau. La fatigue est extrême.

Heureusement, vers la fin du jour, on atteint le petit village de Dioroné. Les hommes se désaltèrent avec l'eau des puits et les troupeaux vont s'abreuver à la mare de Fassala. Et voici que, pour comble de bonheur, deux chameaux qui ont franchi en trente-six heures la route de Nioro à Dioromé apportent à la colonne un chargement de café, de sucre et de tafia.

Des Toucouleurs, qui ont abandonné Ahmadou dans le désert à son malheureux sort, viennent faire leur soumission et donner des nouvelles de leur ancien chef. Le pauvre n'a plus auprès de lui que de rares fidèles. Pas de bagages; ni chameaux, ni bœufs porteurs. Plus de poudre ; mais Diaminatou, la favorite, et deux autres de ses femmes, Lirando et Bané, partagent sa mauvaise fortune, comme autrefois les splendeurs de la cour de Nioro.

3 février. — Campement au bord de trois

belles petites mares, dans un paysage gracieux,
presque idyllique, dont la fraîcheur rappelle à
Anthelme ses Alpes natales : cirque de collines
minuscules, à pentes douces, « tapissées d'une
verdure qui les fait ressembler à un champ de blé
en herbe ».

Étape à Sabougou le 4 février.

Le lendemain, rude marche de trente-deux
kilomètres, vaillamment supportée, pour arriver
à Digna, la grande place forte que les Bambaras
opposaient à celle de Ouossébougou. Il faut dire
que toutes ces fortifications mirifiques consistent
presque exclusivement en un tata en terre, de
deux mètres d'épaisseur, qui sert de ceinture au
village.

Ahmadou a laissé ici des souvenirs cuisants
de sa perfidie et de sa cruauté. Après avoir guerroyé contre les Bambaras de Digna et rasé leurs
murailles, inquiet de les voir se relever comme
par enchantement, il leur propose la paix et les
convoque à un grand palabre à Ouossébougou.

Les chefs se rendent à l'invitation, et, pendant
qu'on parlemente, les sofas toucouleurs les en-
tourent et en massacrent une quarantaine... Le
reste prit la fuite et put ainsi échapper à cette
exécution sommaire.

Aussi, quand le colonel apparaît, vient-on offrir au vainqueur d'Ahmadou deux superbes bœufs aussi blancs que des mérinos ; mais les gens de Digna ne s'en font pas moins tirer l'oreille pour fournir à la colonne le riz et le mil qui lui sont nécessaires.

« Pauvres gens, à moitié sauvages, farouches, habitués à disputer leur vie et à défricher leurs champs, sans cesse exposés aux coups de fusil et aux razzias toucouleures, ils tiennent à leurs biens qui leur ont coûté cher ; on ne peut exiger d'eux la délicatesse de sentiments qui ne vient souvent qu'avec une certaine culture intellectuelle. »

Un trait caractéristique dépeindra bien ces natures primitives.

Deux *dioulabas*, appartenant à cette race de grands pérégrinateurs qui ont leur coupe-file à travers toutes les tribus, avaient été pillés sous Digna. Ils recoururent à la justice du colonel. Celui-ci ne put consentir à amener le chef bambara à payer amiablement une indemnité. En désespoir de cause, le colonel déclara qu'il allait abandonner les deux bœufs blancs aux dioulabas dont on avait soulagé le convoi d'une femme, d'un âne et de quelques barres de sel.

Consternation générale. On courut alors chercher au village deux petites filles et on les offrit en échange des « objets volés ». Les pauvres petites pleuraient. Les mères étaient restées dans leurs cases. Le colonel remercia les Bambaras de leur obéissance, et il renvoya les enfants à leurs mères.

Les *dioulabas* furent indemnisés avec du sel et des ânes de prise ; mais le grand chef bambara demeura rêveur devant ce mode, insoupçonné en pays noir, de rendre la justice.

XXXIV

6 février.

Ouossébougou. — Ouossébougou, la Saragosse noire, le dernier rempart des Toucouleurs, le champ d'élection d'un de ces corps à corps héroïques, de ces duels sans merci, où deux races, au sein des solitudes du continent noir, sont aux prises, déployant le même courage, affichant le même mépris du danger.

Les anciens de la colonne le racontent aux recrues... Oui, voici bien le *tata* fameux dont, il y a quelques mois à peine, Archinard s'est emparé après un sanglant combat de deux jours.

Le 6 avril 1890, le drapeau tricolore avait été arboré au sommet de la tour du *diomfoutou* d'El-hadj-Omar ; mais le sultan des Toucouleurs s'était retiré pour se retrancher solidement dans le *tata* d'Ouossébougou.

De là il terrorisait et rançonnait tous les pays d'alentour : il fallait bien déloger et délivrer de ces pillards les Bambaras amis.

Archinard arrive sous les murs de la place, le 25 avril, n'ayant avec lui que trois cent deux réguliers, dont seulement vingt-sept Européens, avec deux pièces de 80 et trente spahis indigènes.

A ce faible effectif venait se joindre un contingent de mille cavaliers et de deux à trois mille fantassins, fournis par les cantons voisins, tous ayant juré de se venger et de détruire Ouossébougou.

A huit heures du matin, on met les deux petits canons en batterie. Une première brèche, puis une seconde sont pratiquées.

Vers cinq heures, on forme la colonne d'assaut.

En tête, les anciens tirailleurs, sous les ordres des lieutenants Levasseur et Alakamessa ; au centre, la masse des auxiliaires bambaras, commandés par leurs chefs ; en arrière et en soutien, les tirailleurs du capitaine Launay.

Au commandement de leurs officiers, les anciens s'élancent sur la brèche ; mais ils se heurtent à une résistance désespérée. Il faut enlever chaque maison une à une, mettre le siège devant chaque mur, au pied du moindre abri. Tous les officiers et sous-officiers européens sont tués ou blessés. Les Bambaras, braves pourtant, hésitent, reculent, sont pris de panique et s'enfuient en désordre.

La position devient critique. La réserve est mise en ligne. Le jour tombe, les hostilités sont suspendues, et les réguliers passent la nuit sur les positions conquises.

Le lendemain, 26 avril, le combat reprend de plus belle. Il faut recommencer le feu d'artillerie, canonner le *diomfoutou* et les cases voisines. Les assaillants, décimés la veille, sont à bout de forces, et, dans le lointain, on aperçoit des masses noires, une armée de secours qui s'avance...

Les auxiliaires n'ont pu encore être ramenés au feu. Le commandant a alors une idée géniale. Il réunit les chefs, les harangue, leur reproche la lâcheté de leurs troupes, les prend par le point d'honneur ; il leur dit :

« C'est pour vous que je suis venu ici, pour vous seuls ; car Ouossébougou ne gêne pas les Français. Vous m'avez dit que je n'aurais qu'un trou à faire avec mes canons et que vous passeriez tous. J'en ai fait cinquante. Les blancs ont passé la nuit dans le village... Il est à moitié détruit... Voulez-vous en finir ?... Tout le monde dit que les Bambaras ne reculent pas, et je le croyais. Autrement, j'aurais amené cent tirailleurs de plus, et tout serait fini depuis longtemps... Je croyais que les Bambaras étaient braves et aimaient les batailles!... Cette fois-ci, je vais vous laisser aller seuls; je veux savoir au juste ce que valent les Bambaras. »

La harangue produisit un effet merveilleux, tant il est vrai que partout les hommes sont des hommes et que les mêmes mobiles les soulèvent et les font agir.

Les auxiliaires se groupent par cantons. Les chefs mettent pied à terre et renvoient leurs chevaux. Maintenant, c'est à qui se précipitera le premier dans la place et ira rallier les réguliers, qui s'épuisent dans une lutte homérique; mais la venue des Bambaras, véritable torrent humain, change bien vite la face des choses. Les uns enfoncent la porte du *diomfoutou*, les autres escaladent les murs et font irruption dans les cours et les cases, massacrant tout sur leur passage.

Le chef des assiégés, un héros noir, Bandiougou-Diara, couronne cette défense désespérée en se faisant sauter avec une partie du château. Les habitants enfermés dans leurs demeures y mettent le feu et flambent ainsi sur des bûchers allumés de leurs propres mains.

Il ne reste bientôt plus d'Ouossébougou qu'un

amas informe de décombres et d'ossements calcinés. Au milieu, sur de grosses pierres amoncelées qu'entoure une palissade, une croix marque le lieu sacré où reposent les enfants de France tombés pour la défense du drapeau...

XXXV

Tel la colonne retrouve Ouossébougou quand elle y fait son entrée le 6 février.

La ville noire est déserte. Les Bambaras à qui elle avait été rendue ne l'ont pas réoccupée. Les champs sont incultes. Les naturels du pays ont peur d'y trouver « des boulets qui n'auraient pas encore parlé ».

Quelques Maures font boire de grands troupeaux aux mares voisines. A l'arrivée de la colonne, ils s'enfoncent prestement dans la brousse, « trouvant sans doute dangereux pour des troupeaux d'être mêlés à des tirailleurs et à des sofas ».

L'herbe a poussé dans les rues et les cours ; les cases tombent en ruines. Çà et là des ossements. Pieux pèlerinage. Officiers et soldats se découvrent.

Obéissant à une pensée touchante, Aïssata, la petite captive, vient déposer des pierres blanches sur la tombe des soldats français, pour que « l'Allah des blancs soit content d'elle », pour que le toubab aussi la récompense d'un sourire.

Et, reconstituant, sur le théâtre même de la rencontre, les péripéties des deux glorieuses journées, Anthelme s'extasie; il admire « ce beau fait d'armes »; il regrette de n'avoir pas été là pour prendre sa part de la fête.

Comme cela devait chauffer !...

Pas un homme, pas un officier n'a dépassé la brèche sans être blessé. Avec cela, les munitions étaient presque épuisées, et, pendant la nuit, une sortie des habitants a failli enlever l'état-major et l'ambulance. C'est à ce moment qu'une section composée de quelques blessés, de quelques palefreniers, du docteur et du commandant supérieur, a exécuté des feux de salve, sous le commandement du lieutenant Marchand. Comme tu vois, la situation n'était pas brillante, et, au matin, quand Lucciardi, blessé depuis la veille, a enlevé le réduit, il était temps !...

L'almany Bandiougou s'est fait sauter avec ses guerriers, ses femmes et ses captifs, dans sa poudrière, et le massacre a commencé.

Maintenant encore, on retrouve des centaines de squelettes disloqués, jetés aux quatre vents, rongés par les hyènes ou brûlés par les Maures. Sur cet excellent engrais, une quantité effrayante de tomates ont poussé et nous ont fourni pendant cinq ou six jours un supplément de ration fort apprécié. Je n'aimais guère les tomates en France ; maintenant, je ferais des folies pour un plat de ces doulces pommes d'amour nées sur un charnier.

Il y a, semble-t-il, du *marsouin* frondeur dans ce trait des « doulces pommes d'amour, nées sur un charnier ». Et pourtant, prononcé dans ce milieu, le mot est vrai, il est juste, il est profondément humain. Il faut vivre pour marcher, pour lutter encore, et qu'importe l'engrais qui l'a fait pousser, au légume sauvage qui sait calmer la faim, dans ces solitudes dévastées !...

XXXVI

Départ de Ouossébougou, le 7 février, à cinq heures du matin. Marche hésitante le long d'une route difficile à reconnaître et sans eau.

« Quelques Maures bien montés, le fusil en travers de la selle, croisent la colonne au galop de leurs chevaux en nous abandonnant le sentier. Quelques autres conduisent des chameaux chargés de mil ; on leur donne la chasse et, malgré leurs protestations, les spahis leur font faire demi-tour.

« Nous sommes trop près du désert pour que, si on leur avait laissé continuer leur route, ces gens-là n'en aient pas profité pour ramasser nos traînards, quelques femmes ou enfants des sofas de Mademba qu'ils auraient été vendre. Ils s'estiment tout heureux, le lendemain, quand on leur remet leurs chevaux, leurs armes et leurs chameaux, et disent en riant qu'aujourd'hui les blancs connaissent bien les Maures. »

Arrivée à Guigné, où l'on se repose un jour. Le colonel y laisse une petite garnison, sous les ordres du sous-lieutenant indigène Sadioka, et se remet en route.

Changement de décor.

Le pays apparaît comme une oasis en comparaison des régions sablonneuses traversées jusqu'ici.

Espacés à de faibles distances, de nombreux villages étalent les richesses de cultures variées : riz, maïs, mil, haricots, tomates, tabac, coton. Des arbres à la végétation luxuriante sont surchargés de ruches. Il y a là des massifs de tomborous, de bois d'ébène, de karités.

L'étape ne paraît pas longue à travers ces enchantements.

Halte à Barsafé.

Vite, le lieutenant, une fois sa tente dressée, reprend sa plume. Il donne aux siens cet aperçu rassurant sur le régime ascétique auquel la colonne est soumise :

Je profite d'un jour de repos, qu'on nous donne à Barsafé, pour vous continuer le récit de notre anabase. D'abord, le Pont-Neuf n'est qu'un convalescent auprès de moi : j'engraisse à vue d'œil et je jouis d'un appétit à dévorer des cailloux.

D'ailleurs, pour digérer toutes les choses invraisemblables qu'on nous distribue en place de ration, il faut avoir un estomac d'autruche.

Naturellement, depuis bien longtemps, nous vivons sur les ressources de ce pays : quelle bombance! Ce sont des orgies de mil, de riz rouge, de maïs pilé, de *niébés*, — sorte et variété inférieure de haricots, — de courges, que sais-je ? On fait cuire tout cela comme on peut, c'est-à-dire qu'on met alternativement de l'eau sur ces denrées ou ces denrées dans l'eau, on saupoudre de sel et l'on obtient ainsi un succulent festin. Le tout est arrosé d'une eau qui devrait être fraîche, mais qui n'est que verdâtre ou jaunâtre, suivant les circonstances. C'est de cette façon que, depuis plus d'un mois, se nourrit une bande d'Européens au dix-neuvième siècle.

Mais en même temps on se surprend à rêver malgré soi à de sardanapalesques ripailles, à des amoncellements de pain frais et de vin vieux, de viandes saignantes et de verts légumes. Quelles bonnes soupes aux choux nous mangions autrefois! L'eau que je viens de boire m'en monte à la bouche et j'entends dans mon estomac gronder le potiron que je viens d'absorber. Mais passons, tout ceci n'est rien puisque je me porte fort bien et que dans quelques jours nous aurons du pain.

XXXVII

D'où vient la colonne ? où va-t-elle ? que se passe-t-il dans son rayon ? Le lieutenant essaie de deviner la vérité à travers toutes ces brousses. Ce qu'il voit de plus clair au début, c'est la façon « sommaire » avec laquelle « on organise la civilisation » dans le pays :

Oh ! c'était très simple ! Chaque matin, au petit jour, une section emmenait gentiment, dans la verte campagne, les chefs de villages pris la veille, et là, fort proprement, un monsieur très adroit leur faisait rendre gorge en leur coupant le cou. Que veux-tu ? il fallait d'abord faire table rase et régénérer les populations en les lavant dans le sang.

On a ensuite laissé au *tata* une compagnie destinée à maintenir l'ordre et la concorde dans cet heureux pays ; une autre compagnie et une partie de la puissante artillerie que nous avions avec nous sont rentrées à Kayes.

En route, les derniers débris des armées d'Ahmadou sont venus donner dans la petite colonne, qui a profité de l'occasion pour les détruire. Quant à Ahmadou, on le croit dans le Macina, dans le Sahara, à Tombouctou, mort même : trente-six versions courent sur lui.

Pour nous, c'est très compliqué ; pendant que nous guerroyons contre les Toucouleurs, le capitaine résidant de Bamako s'engageait dans une affaire contre notre doux ami Samory, et allait soutenir de ses armes un petit roitelet, Tiéba, qui n'hésitait point à assiéger un *tata* revendiqué par Samory.

Ceci se passait il y a six mois, et, depuis cette époque, le sympathique capitaine a vu tous ses assauts repoussés : il est juste de dire qu'il a avec lui douze tirailleurs et trois spahis pour assiéger six mille hommes; nous ne comptons pas, naturellement, l'armée de Tiéba.

Enfin, comme cet état de choses ne saurait durer, le colonel Archinard s'est dit : « Allons à Kinian !... » et, d'un commun accord, tout le monde a ajouté en sourdine : « Allons à Kinian !... »

Voilà pourquoi nous voici maintenant dans la brousse, à quatorze jours de marche de Nioro et à huit jours de marche de Nyamina ; de là nous irons peut-être à Ségou ; peut-être marcherons-nous tout droit sur Kinian...

XXXVIII

Ce qui rassure, du reste, le vaillant tirailleur,
c'est que, quelle que soit l'énigme des horizons,
il sait, il ne doute plus qu'il pourra enfin donner
un libre essor à son ardeur guerrière :

En tout cas, nous allons faire encore la grande
guerre sur la rive droite du Niger; pour ce faire, j'ai
passé à la 7ᵉ compagnie, ma pauvre 3ᵉ étant rentrée
à Kayes abrutie, et j'ai permuté avec un officier qui
a bien voulu me céder sa place. Je n'hésiterai pas à
t'avouer que c'est toujours la même chose, de coucher en plein air, de boire quand on peut, de manger
ce que l'on trouve et d'avoir horriblement chaud
le jour, épouvantablement froid la nuit. S'il n'y avait
pas au bout l'espérance d'entendre encore un peu le
mol susurrement des balles, ce ne serait plus gai du
tout.

Mais, en attendant le délicieux concert, si
ardemment désiré, Anthelme dépeint d'une plume
vive et animée l'aspect de cette nature étrange :

Le pays n'est certes pas beau : des plaines immenses, à peine mamelonnées, couvertes de grandes herbes coupantes ; quelques baobabs surgissent par-ci par-là, et toutes les dix ou quinze lieues, un village installé au bord d'une mare infecte. Dans ces lieux de délices, les animaux pullulent, les girafes sautent à pieds joints sur les éléphants, et les lions très féroces se vautrent dans le sang des antilopes, des hyènes et des chacals.

Ici, le joli récit d'une aventure nocturne, de celles qui feraient trembler instinctivement les plus braves :

J'ai même eu il y a quelques jours une entrevue (?) assez désagréable avec un de ces charmants carnivores.

C'était un soir, un de ces soirs sombres et calmes où tout se tait, sauf la grande voix de la nuit, — n'est-ce pas qu'elle est bien, ma période ?... — A l'obscure clarté qui tombe des étoiles, je faisais une ronde aux avant-postes et... je m'étais attardé derrière un buisson.

Tout à coup, un horrible rugissement déchira le silence, mais si près, si fort, que toute ma moelle s'est figée dans mes os et que j'ai fort bien cru ma dernière heure arrivée. Avec une rapidité et une prudence qu'on ne saurait trop louer, je filai comme un dard, tenant piteusement d'une main mon haut-de-chausses, et ne m'arrêtai que lorsque j'eus intercalé un rempart de voitures entre le danger et... ma personne. Conclusion : depuis cette époque, je prends une lanterne pour circuler la nuit...

XXXIX

Pour tout dire, Anthelme ne paraît pas fanatique du pays, ni de ses habitants, et n'était « le
mol susurrement des balles », il se prendrait à
regretter le « doulx pays de France », la fraîcheur
des silhouettes gracieuses évoquées dans ses
rêves, le roman ébauché, peut-être, avec quelque jeune fille, toute parée de ses vingt ans, désirée comme la compagne idéale, celle que l'on
conduit à l'autel, avec laquelle on descend le
« haut fleuve » de la vie, doucement, la main dans
la main :

Le paysage est loin d'être féerique, et cette
puissante végétation tropicale dont les géographes
ont leurré notre jeunesse n'est, je crois, qu'une
affreuse et lugubre plaisanterie inventée à plaisir pour
pousser les honnêtes gens dans la voie des voyages
et pour rassurer les familles.

Nous avons néanmoins traversé pendant deux jours

une petite région à laquelle je dois rendre justice : il
y avait de l'eau, partant de l'herbe verte et d'assez
beaux arbres, des palmiers, des rogniers et mille
variétés de cette espèce. Nous avons pu nous reposer
à l'ombre, sucer des dattes et goûter au chou palmiste ; tu n'es pas sans avoir entendu parler de ce
divin régal et tu crois sans doute à quelque succulent
légume.

Erreur et désillusion !

D'abord, le chou palmiste s'appelle ainsi parce qu'il
ressemble à un chou comme un fusil à deux coups
ressemble à un vélocipède, puis parce qu'il ne pousse
pas du tout sur un palmier : tu vois, c'est très simple.
On vous apporte un morceau cylindrique de feuilles
enroulées blanches et assez tendres, absolument ino-
dores et insipides, et on vous déclare que c'est supérieur en salade. J'atteste les cieux que le moindre
brin de cresson ferait bien mieux mon affaire.

Les fruits du pays consistent encore en baies de
toute sorte, plus ou moins désagréables à avaler, et
qui constituent généralement notre dessert.

Les villages sont tous d'une saleté repoussante et
d'une navrante pauvreté ; les œufs sont généralement
pourris, et le lait caillé, ou putréfié. Quant aux habitants, ils méritent une mention spéciale. Les hommes
sont de grands gaillards, noirs comme de l'encre,
laids comme une vieille institutrice anglaise, et coif-
fés d'une façon bizarre : les cheveux longs sont tres-
sés en une dizaine de mèches que les élégants ramènent et attachent sous le menton ; ils sont vêtus
d'une espèce de chemise en guinée multicolore et ont
le chef surmonté d'un bonnet de pâtissier.

Les femmes, il n'y en a pas, ou celles qu'on voit
sont toutes vieilles et ridées. Dieux justes ! quand

pourrai-je entrevoir, fût-ce de très loin, l'élégante tournure et la sveltesse gracieuse des femmes de France? Quand donc, en passant auprès d'une toute mignonne jeune fille, pourrai-je aspirer un parfum autre que celui de l'huile rance ou du poisson pourri? Car telles sont les odeurs qu'emploient ces dames du Bélédougou...

Donc les « dames du Bélédougou » n'ont pas fait oublier au lieutenant les parfums capiteux et les élégantes toilettes des bals de la préfecture maritime ou des matinées rayonnantes, illuminées du soleil de la vingtième année, en rade, à bord du vaisseau-amiral.

Où sont-elles les femmes de France, les brunes et les blondes rencontrées sur les rives de la Méditerranée, au milieu du chatoiement de la soie, mêlant les nuances exquises de leurs atours aux teintes sombres et sévères des officiers de terre et de mer, s'envolant avec eux, sur le pont transformé en salon immense, sous le velum multicolore gonflé par la brise, dans le tourbillon d'une valse de Strauss jouée par la musique du bord?

Où, les *flirts* innocents, les conversations échangées entre deux coupes de champagne, les privautés de bonne compagnie et les distinctions muettes accordées timidement, à quelque figure de cotillon, au brillant et élégant valseur?

Où, la joie de vivre dans l'essaim de celles qui prennent le meilleur de nous-mêmes ; le secret désir de plaire, d'aimer et d'être aimé, de cueillir une fleur dans le parterre, celle dont on fera la compagne de sa vie, celle qui échangera avec vous, devant Dieu, le *oui* enchaînant deux destinées, celle que l'on promènera fièrement à son bras, celle qui sera le charme des beaux jours de jeunesse et qui, jusque sur le soir, quand on descendra la pente, projettera les chauds rayons, les dernières clartés eposantes et douces, d'une tendresse que la mort même rendra immortelle ?

Où, les vagues velléités d'antan de faire comme tant d'autres, de mener la bourgeoise existence de l'officier marié, d'aller de garnison en garnison, sans tracas et sans aventures, toujours prêt à faire son devoir, — oui, sans doute, — mais s'accommodant des lenteurs de l'avancement et de la monotonie des jours de paix dans la tranquille atmosphère de la vie de famille retrouvée après l'exercice, au retour du terrain de manœuvres ou du quartier ?

Que tout cela est donc loin !...

Pourquoi, d'ailleurs, penser aux femmes de France quand on a devant soi « ces dames du

Bélédougou », caricature de la femme? Est-ce pour se livrer à ces études comparatives que l'on vient en pleine Afrique, en plein pays noir?

XL

Et bien vite le marsouin écartait ces lointaines
et charmantes visions, presque comme une mauvaise pensée qui pouvait amollir son courage :

Mais je parle, je parle et j'oublie de te donner les
renseignements militaires destinés à ton instruction
et à ton édification. Que je prenne la chose par l'origine ! D'abord composition et marche de la colonne :
A un jour en avant, trente spahis chargés de préparer
les cantonnements, car nous sommes en pays ami
ou soumis ; avant-garde, une section à cent mètres
devant l'état-major ; puis les quatre compagnies de
tirailleurs, dont une seule, — la 7ᵉ, — de réguliers ;
les trois autres sont des tirailleurs auxiliaires engagés
seulement pour la campagne, et dont toute l'instruction consiste à marcher devant eux ; puis l'artillerie,
deux 65 et trois 4, sous le commandement d'un capitaine ; puis le convoi, c'est-à-dire soixante-dix petites
voitures, trois cents ânes et une nuée de porteurs, le
tout pour les munitions.
On part le matin au point du jour, c'est-à-dire

vers cinq heures, on fait des pauses d'une heure et quart et d'une demi-heure de repos. La moyenne des étapes est de trente kilomètres ; aussi vers la fin, ce que ce soleil tape dur ! c'est désastreux ; j'ai les mains toutes pelées, le dessus des cuisses rôti à travers le pantalon.

En arrivant, on s'installe de la façon la moins incommode dans des cases en paille construites par le village.

Je t'écris maintenant, étendu sur ma paillasse, nu jusqu'à la ceinture, et suant comme un nombre indéterminé de blaireaux. Aussitôt après le coucher du soleil, il fait un froid de canard et je n'ai pas trop de ma couverture, de celle de mon cheval et de ma pèlerine, pour ne pas grelotter sur mon grabat solitaire. Je rêve aussi de temps en temps que je suis noyé dans un bon grand lit, enroulé dans des draps bien fins et sentant la verveine, et que de grands rideaux en drap noir m'enveloppent de partout, empêchant le méchant soleil de me réveiller trop tôt.

Sur ce, le trompette sonne la diane et je me trouve sur mon séant, fort vexé de voir la *trogne* très noire de mon esclave qui m'apporte de l'eau. Cette envie de coucher dans un lit est d'ailleurs assez naturelle ; depuis le 8 octobre, je ne me suis pas déshabillé pour dormir, et pendant toute la colonne sur Nioro je gardais mes chaussures. Souventes fois, la terre sèche m'a servi de sommier et le ciel de plafond. Phénomène bizarre, j'engraisse à vue d'œil. Je mange n'importe quoi. Je n'ai eu que deux ou trois accès de fièvre, dont un était bon, par exemple, et en résumé, je me porte cent fois mieux qu'à Toulon : décidément, j'étais né pour le Soudan.

Il était né pour le Soudan ?... Pauvre enfant, y mènera-t-il bien longue vie ?...

En route ! Toujours plus avant dans les terres.

Campement à Néguessébougou, le 11 février, à Touta, le 12.

Arrivée le 13, à Banamba, où la colonne doit faire un séjour.

Banamba est un centre essentiellement commerçant et offrant des ressources exceptionnelles. Le colonel donne audience aux chefs accourus de toutes parts. Une commission de cinq officiers reçoit de leurs mains la redevance de trente-cinq mille francs consentie l'an dernier par le Markadogou Orooula. Officiers et soldats touchent sur l'heure la solde arriérée. Le temps est au beau et la belle humeur ordinaire d'Anthelme n'en est que plus excitée :

13 février.

Nous sommes à Banamba, le plus grand village du Bélédougou, la reine du désert, la perle du Soudan. De fait, les habitants m'ont l'air plus vêtus et plus propres qu'ailleurs ; les femmes se montrent, elles sont toutes souriantes et pas trop désagréables à l'œil ; le paysage est, du reste, assez animé, et la place du marché est réellement très originale. Les Maures et les Duilas y viennent du fond de l'Afrique échanger leurs produits et voler d'une affreuse façon ces pauvres Bambaras qui se laissent faire.

Ici, Anthelme est interrompu par une petite scène d'intérieur dont sa « maison militaire » vient d'être le théâtre... Fatouma et Aïssata se sont prises aux cheveux et Ningo, impassible et grave comme un vieux prêtre youlof, marque les coups...

XLI

Elles sont donc toujours là, ces petites?... Elles suivent la colonne ?...

Mais, oui !

Quand le lieutenant, qui pouvait rentrer à Kayes, avec sa compagnie, eut obtenu la faveur d'une permutation pour courir au-devant de nouveaux dangers, il ne tenait pas à s'embarrasser des deux filles du marabout : il leur a rendu la liberté.

Mais les petites ont tant pleuré, tant supplié que le toubab n'a pas eu le courage d'abandonner aux *bouquis* ces enfants qui s'étaient prises pour lui de l'affection du chien pour son maître :

J'entends dans la case à côté le bruit d'une dispute ; ce sont nos deux petites captives qui se chamaillent à qui mieux mieux. Je leur ai donné un écheveau de fil à démêler, et comme elles ont pris chacune un

des bouts, rien ne va ; d'où pleurs et grincements.
Fatouma a griffé Aïssata, qui vient tout en pleurs se
mettre à genoux devant moi et réclamer justice. Elles
sont toutes drôles et gentilles comme des chattes.

Tu t'étonneras peut-être de ce que ces deux enfants
m'aient suivi. Au départ de Nioro, je leur ai donné
la liberté ; ç'a été un concert de gémissements. Aïssata, très sérieuse, m'a fait un petit discours d'où il
résultait que, appartenant à un blanc, elles ne voulaient pas du tout le quitter, et que, si je les laissais,
elles iraient très loin, toutes seules, dans les bois,
jusqu'à ce que les méchants *bouquis* (hyènes) vins-
sent les manger.

En fait, elles sont bien plus heureuses avec nous
qu'elles ne l'ont jamais été ; elles n'ont qu'à laver
mon linge, manger, boire et dormir ; elles font les
étapes sur des ânes et s'amusent beaucoup de voir
du pays. Je n'ai donc pas hésité à mettre le comble à
leurs vœux, touché que j'étais de leur manifestation
sympathique.

Ce sont réellement de gentilles petites bêtes ; Aïssata surtout me raconte constamment des histoires
et écoute avec transport tout ce que je lui dis de la
France. Elle est ravie, pousse de petits cris de joie ;
elle réfléchit longtemps et tourne vers le nord ses
grands yeux de gazelle, se représentant la France
comme un pays féerique où tous les enfants sont
heureux.

Comment donc le lieutenant parvient-il à leur
faire saisir de si charmantes choses ?... Ah ! c'est
qu'il ne parle plus seulement le langage des
signes :

Je commence à comprendre et à parler assez bien le bambara, langue d'une extrême simplicité ; aussi, tout le temps, elles sont à causer avec moi. Fatouma m'ayant résolument déclaré qu'elle voulait venir en France avec moi, Aïssata lui a fait remarquer qu'auparavant il fallait qu'elles devinssent blanches comme les blancs. Depuis lors, elles viennent tous les soirs me prier de transmettre leurs demandes à Allah. Elles me débitent une gentille petite prière que je répète mot à mot :

« Allah ! nous ne sommes que deux petites *mousso* toutes noires, mais écoute le lieutenant qui te parle pour nous, fais que nous devenions blanches comme lui et que nous allions bien loin dans son pays pour voir les grandes mosquées en or et la pluie qui tombe en petits morceaux blancs... »

C'est ce qui les a le plus frappées dans mon discours.

La neige ! ces enfants noires ne peuvent croire à cette merveille ; c'est pour elles ce que sont pour l'aveugle les couleurs. Elles demandent à Allah de les admettre un jour à ce spectacle mirifique ; mais qui ne serait touché de la pensée pieuse, irraisonnée, qui les pousse à aller déposer, en guise de fleurs ou de couronnes, des pierres blanches sur les tertres où reposent les enfants de France tombés pour la défense du drapeau :

Après notre royal souper, nous restons, le capitaine, Biétrix et moi, quelques instants à causer de choses diverses et agréables ; tout notre personnel civil et militaire est admis à nous écouter et à s'instruire. Ce sont alors des cris d'étonnement, des questions baroques, des rires à n'en plus finir, quand nous leur servons des descriptions enthousiastes, mais presque véridiques, du pays des blancs. Aïssata seule est toute triste ; elle voit bien, dit-elle, que les noirs ne sont que *golos* et elle se demande toujours avec anxiété si Allah ne la fera pas bientôt blanche pour devenir femme comme celles des *toubabs*. A Ouossébougou, elle est allée porter des pierres sur la tombe des sergents et des hommes tués l'an dernier, pour que l' « Allah des blancs » soit content d'elle.

Elles ont un cœur, elles aussi, ces pauvres enfants noires, ignorantes, incultes, poussant comme de « petites bêtes » sur le continent africain, et pourtant ouvertes à toutes les tendresses, à toutes les délicatesses de l'âme humaine.

Dans quel livre ont-elles donc pu apprendre la pieuse pensée d'honorer la mémoire des enfants de France pour être agréable au Dieu des chrétiens ?...

XLII

Le 15 février, campement à Kérawane ; le 16, à Sirakobougou.

Le 18, la colonne entre triomphalement à Nyamina, la grande ville noire, sur les bords du Niger :

Quand nous sommes arrivés, la population tout entière, en costume de fête, est venue se masser à l'entrée du village ; une bande de *griots* chantait à tue-tête les louanges des Français, s'accompagnant de fifres très aigus et de tambours très désagréables. Cette horrible musique n'est point, j'en suis sûr, sans exercer une redoutable et excitante influence sur les caïmans du Niger qu'on dit très féroces, mais elle ne m'a pas empêché d'admirer un coup d'œil réellement très joli.

Nyamina est un grand village à peu près semblable à tous les villages bambaras ; mais il est gentiment construit au milieu des palmiers et des ficus, sur une pente douce au haut de laquelle se dresse le fort construit par Morin, éblouissant de blancheur sous la lumière crue du soleil de midi. Au pied des murailles du village coule le grand fleuve chanté par les noirs poètes, le Dyalliba, le Niger enfin, qui passe fier et rapide sous la couche d'indigo qui recouvre ses eaux.

Bien loin, de l'autre côté, il me semble voir de belles forêts, de grandes prairies toutes vertes et des collines point trop nues.

Dans ce cadre, voici les naturels qui s'agitent et trafiquent. Éternelle loi de l'offre et de la demande, la même sous toutes les latitudes, lutte des appétits où la raison du plus habile est toujours la meilleure...

Le lieutenant ne constate pas, quant à lui, une grande différence entre les *revendeuses* d'Afrique et celles d'Occident :

Ici, presque sur la berge, le marché commence, et c'est chose curieuse de voir les matrones indigènes vendre leur beurre avec la grâce et l'élégance de ces dames de la halle. On paye tout en *cauries,* petits coquillages valant un sixième de centime (1) ; aussi personne ne s'étonne de passer quelques heures à l'achat d'une livre de beurre ou d'une douzaine de petits poissons pourris. A part ce léger détail, c'est

(1) Les femmes sont habituellement employées à compter les cauries. Ce travail leur est payé à raison de 10 shillings par mois. Les cauries sont percées et enfilées d'avance par grappes de 1.000 correspondant à 1 shilling ou à 1 fr. 25 de notre monnaie. Il faut donc la bagatelle de 2.000 coquillages pour faire une somme de 25 francs.

bien un marché quelconque en France : il n'y manque rien, pas même dans un coin le pauvre aveugle qui implore la charité des passants...

Mais il va falloir prendre congé du Bélisaire qui rappelle à l'ancien Saint-Cyrien le mendiant du pont des Arts, auquel il ne manquait jamais de faire l'aumône, aux jours de sortie, alors que, ivre de grand air et de liberté, il venait promener son brillant uniforme dans Paris.

Vieux souvenirs !...

Aujourd'hui, ce n'est plus la Seine, c'est le Niger qu'Anthelme s'apprête à passer. Le passage a commencé aussitôt après l'arrivée de la colonne, à neuf heures du matin. Les pirogues de Nyamina et trois chalands venus de Ségou y sont employés.

L'opération est longue.

Anthelme est à l'arrière-garde. La nuit tombe quand vient son tour :

Quel beau moment !

Ici, sur la rive gauche, les indigènes nous accompagnent de leurs vœux bruyants, toujours au son de leurs horrifiques instruments, les enfants se précipitent à l'eau et nous suivent sans souci du caïman qui pourrait les happer par la patte. Devant moi, les tirailleurs entonnent une chanson au rythme plaintif et doux, et cependant les rayons roses et cuivrés du soleil couchant, se mêlant à la teinte bleu sombre du fleuve, distillent comme une lueur étrangement violacée qui noie le lointain paysage dans un vague brouillard.

Tout est calme, les bruits s'éteignent dans un confus murmure et je me sens si loin, si loin des miens, si seul, si petit, que je pleure comme une bête et que, tout bas, j'appelle... *maman!...*

XLIII

...La voyez-vous, la pirogue, bercée aux chants
monotones des tirailleurs, au bruit cadencé des
rames, glissant rapide sur le Niger? Elle a l'air
de voler, d'effleurer à peine les eaux « bleu
sombre » du haut fleuve.

Le soleil des tropiques a disparu, laissant derrière lui le sillage resplendissant de ses rayons
d'or, comme une harmonie par laquelle les
ondes sonores traduisent, en décroissant, les
vibrations qui l'ont provoquée. On s'est éloigné
de la rive; les clameurs du départ se sont tues.
Déjà la brume estompe les terres qui surgissent
comme de grandes masses heurtées, bosselées,
aux formes fantastiques, aux allures de marche.
De temps à autre, les caïmans émergent, aux
côtés de la pirogue, comme des flanqueurs, avec
leurs têtes hideuses et leurs mâchoires dente-

lées ; un coup de rame sec réprime leur familia-
rité inquiétante… Ils plongent pour réapparaître
un peu plus loin.

Lui, isolé à l'avant, seul avec les noirs deve-
nus muets dans le grand silence de la nuit, ab-
sorbé, regardant les étoiles, il se prend à rêver à
son pays de Savoie.

Son cœur, d'un trait, a franchi la distance.

Le voilà qui arrive ; le train l'a débarqué à la
station prochaine. Dieu ! quel froid ! quelle température !… Le Semnoz est tout blanc ; dans la
vallée d'Albens, de la neige encore, de la neige
toujours ; les arbres comme des squelettes, étendent leurs branches dépouillées.

A peine, sur la route, quelques paysans, la
casquette en peau de renard rabattue sur les
oreilles, grelottant, les mains dans les poches,
font péniblement la *chalée* (1) ; mais lui, alerte,
gravit bien vite la colline, celle dont il pourrait,
de mémoire, relever le *topo*. Il approche, il
presse le pas. Voici Pégy. La cheminée, émergeant hardiment du toit, couche sur l'aile de la
bise stridente sa fumée bleue : un bon feu de
hêtre flambe sans doute dans l'âtre ?

C'est le moment où la famille est réunie, où
l'on pense à l'absent, où l'on va parler de lui.

____

(1) Sillon pratiqué dans la neige.

Le facteur a passé, il a bu son verre d'eau-de-
vie de marc, et il s'éloigne comme un messager
qui a fait des heureux : une lettre, sans doute?...
Non. C'est lui, c'est Anthelme en personne. Oui,
le *marsouin* embarqué sur le Niger, oppressé des
brûlants effluves de cette nuit sénégalienne, le
voilà au pied des Alpes neigeuses : il frappe à
la porte, il entre, il s'assied auprès de la cheminée.

Tout son cher monde est là, jusqu'à la vieille
servante qui va et vient :

Je vois très distinctement Pégy, tout blanc de
neige, la maison bien tranquille, et, dans la salle à
manger, papa, maman, Ida assise devant le feu. Papa
pose sa pipe sur le coin de la cheminée : *La soupe
est-elle prête ?* — Et maman, qui pense à moi bien
sûr, plie son ouvrage pendant qu'Ida se lève et
appelle : *Louise ! Louise ! oh ! cette Louise !* Et Louise,
sans se presser, sans oublier aussi de laisser la porte
ouverte, apporte majestueusement la soupière fumante.

Mais voilà que, en songeant à sa mère,
comme le *Jean* de Loti à bord de *la Saône*, il se
met à pleurer. Pour lui aussi, à ce moment,
« c'était bien sa mère qui résumait tout, qui était
tout, sa mère qu'il appelait du fond de l'âme et
après laquelle il languissait affreusement ».

Quand la pirogue a abordé, installé sous sa

tente, à la lueur tremblante d'une torche, il écrit
avec des larmes cette admirable page, éloquente
sans effort, dans sa simplicité vécue, parce qu'elle
jaillit vraiment du cœur :

Clac ! la pirogue aborde, les hommes descendent,
et je vois devant moi mon ordonnance, mon bon
vieux Ningo, qui a de grosses larmes dans ses yeux
doux comme ceux de Beaufort : — *Lieutenant y a
malade ? Ningo y pas content,* et, du bout de son
doigt, il vient me frotter la joue.— Non, non, Ningo,
lieutenant n'y a pas malade !... mais il y a des
moments où on est ému malgré soi, où l'éloignement
et la solitude se font sentir, où l'on sent le besoin
d'embrasser sa mère, et dans ces moments-là on
pleure et ça soulage, nom d'une pipe !
Et maintenant, mon cher frère, je suis installé au
pied d'un arbre, où je t'écris pendant que tout dort.
Le clairon sonne l'extinction des feux, et c'est d'un
effet saisissant et lugubre d'entendre, dans cette nuit
déserte, résonner la dernière note, si longue..., si
triste !...

XLIV

Oh! oui, bien triste, cette note gémissante, prolongée comme le cri d'une âme en peine. Triste déjà, en pleine ville, en plein quartier, quand on sent le mouvement, la vie, la foule déborder au-delà du mur d'enceinte, à quelques pas de soi.

Combien plus triste en ce silence de mort, à des milliers de lieues de la patrie, sous ce ciel sombre et profond des nuits sahariennes, avec ces teintes d'un rose pâle que la lune projette sur les choses endormies, uniformisant, comme en un linceul dessinant les lignes raidies d'un cadavre, les marécages aux miasmes mortels, les euphorbes dont le sable est strié, les immenses baobabs, fantômes immobiles aux bras interminables sur lesquels les vautours se reposent de la curée : « arbres de pierre dont la lune accuse avec une étonnante dureté de contours, la structure rigide de mastodonte, donnant à l'imagination l'impression de quelque chose d'inerte, de pétrifié et de froid. »

Dans la brousse, de temps à autre, surgit un glapissement sinistre : quelque chose comme des chiens qui hurlent, comme des chats qui miaulent, le tout ensemble mélangé avec une puissance de sonorité stridente et suraiguë en une harmonie effrayante et désespérée. Orchestre infernal, où le chacal, la hyène, la panthère se répondent, se défient, s'épient, prêts à se disputer la même proie.

Puis tout retombe dans le silence.

Les noirs, étendus à la belle étoile, la face contre terre, le torse luisant sous les rayons lunaires, les poings fermés, livrent leur sommeil à la garde d'Allah. Fatouma et Aïssata reposent, elles aussi, dans la *paillote*, que l'on confectionne pour elles à chaque étape. Rien à craindre des bouquis puisque le toubab veille.

Oui, il veille, « pendant que tout dort ».
Il veille et il rêve...

Obstinément sa pensée se complaît dans les souvenirs du pays et fouille amoureusement les paysages de ses chères Alpes. Autour de la maison paternelle, voici bien les champs, les prés, les vignes ; au-dessus, les ravins de Saint-Germain, où il a chassé le lièvre ; la tour de Cessens, au pied de laquelle il a tant de fois rêvé ; au-dessous, les marais d'Albens où il a fait des massacres de bécassines ; les chemins, bordés de haies odorantes et de frênes touffus, le long desquels circulent les chariots chargés de récoltes et les troupeaux rentrant le soir à l'étable...

Il entend la clochette de la vache qui marche en avant-garde, les paysans chantant, sur un mode lent, le refrain national, puis le coup de l'*Angelus* du soir...

Il revit ces nuits splendides de l'été, dans les Alpes ; il admire ce ciel bleu, d'un bleu d'Italie, ces grandes lignes, majestueuses et fières, des montagnes neigeuses bordant l'horizon, et, dans le cirque formé par ces gigantesques murailles, les lignes moelleuses, doucement estompées, des collines, les replis des vallons, le cours argenté de la rivière, les beaux arbres : sapins, noyers, châtaigniers, chênes, peupliers, et les petits saules, et les bouquets de noisetiers : tout cela conservant, même dans la nuit, sous les rayons de la lune, un air de vie et comme un sourire avenant, toute cette nature verdoyante et fleurie chantant les bienfaits de Dieu, le travail et l'activité de l'homme.

Des routes blanches, des clochers élevant vers le ciel leurs flèches scintillantes, des villages de distance en distance, et, vers la onzième heure, le dernier train du soir lançant dans l'air sain et pur son panache de fumée grise et son coup de sifflet strident, qui fait japper les chiens de garde, à deux lieues à la ronde...

Là-bas, le climat bienfaisant, l'harmonie des êtres, la fécondité du sol, la splendeur des horizons, la vie laborieuse, mais utile et productive, la bénédiction de Dieu s'étendant sur tout, sur le moissonneur, sur la moisson, jusque sur les grands bœufs, sur les humbles bêtes, amies et compagnes de l'homme...

Ici, ô continent noir ! ô malédiction ! ô immensités désolées !

Et se dire que l'on a volontairement quitté la terre bénie pour le pays des fauves !

Anthelme ne le regrettait pas ; mais, sûr d'être bien seul, de ne pas être vu, — son bon vieux Ningo dormant, couché comme un chien de garde, à quelques pas de lui, — il laissait tout de même ses larmes couler...

XLV

... Le rude soldat s'en est voulu sans doute de cet accès de sensibilité, de ce retour imaginaire au foyer lointain qui lui a rappelé de si douces choses et l'a fait pleurer en présence du bon vieux Ningo.

Car, sur la rive droite du Niger, l'on respire une odeur de poudre :

Où allons-nous? personne ne le sait : on croit seulement que le lieutenant de vaisseau détaché aux canonnières est enfermé dans quelque *tala*, où il a besoin d'un secours urgent, et que nous allons le délivrer avant d'aller prendre Kinian qui est bien plus à l'est.

Je t'embrasse donc, mon cher frère, et comme je ne puis t'envoyer ma lettre d'ici, je la continuerai et te l'adresserai par le premier courrier...

Sans être dans le secret des dieux, Anthelme a

18.

deviné juste. Toute la smala de Mademba a reçu ordre de rester à Nyamina. Les éclopés et les hommes fatigués y demeurent, eux aussi. Les troupeaux d'approvisionnement sont renouvelés.

La colonne est resserrée et reformée. Elle comprend toujours la vaillante 7ᵉ du capitaine Hugueny et les compagnies Sansaric, Morin et Marchand; mais l'artillerie, formée d'une pièce de 4, de deux pièces de 65 et d'un mortier de 15 millimètres, sera renforcée en route d'une seconde pièce de 4 venant de Ségou.

Les nouvelles du Baninko sont, en effet, mauvaises.

Les révoltés occupent un grand nombre de villages. Le lieutenant de vaisseau Hourst est devant Diéna, avec vingt-cinq tirailleurs ou laptots et des auxiliaires. Il attend du renfort.

Les nouvelles de Kinian sont meilleures. Le capitaine Quinquandon s'attend à la reddition de la place d'un jour à l'autre.

Allons au plus pressé : à Diana tout d'abord.

Ainsi a parlé le colonel, et le 23 février, après cinq jours de marche, le voici en vue de Diéna, ayant opéré sa jonction avec le lieutenant Hourst et le chef N'Tow. La colonne Mademba, qui revient de Ségou, avec le lieutenant Charbonnier, rejoint le camp pendant la nuit.

Tout est donc prêt pour une action décisive.

Le colonel a pris sans plus tarder ses dispositions pour l'attaque. L'artillerie, soutenue par la 7e compagnie et par Sansaric, est posée sur la face ouest du tata de Daugoutiguila pour y faire brèche. Les compagnies Morin et Marchand surveillent la face nord du village, et la cavalerie, les faces sud et est. Les auxiliaires de Mademba et de N'Tow sont massés en réserve.

N'Tow, alors que le reste des troupes opère sous les rayons brûlants du « monstre », s'est commodément installé avec son état-major à l'ombre d'un superbe calcédrat, l'arbre des guerriers, disent les Bambaras, parce qu'il est d'un bois très dur. « Celui d'où N'Tow nous regarde faire a aussi d'autres avantages, c'est d'être hors d'atteinte des balles et de donner de l'ombre en plein midi. »

La brèche est pratiquée.

A une heure, un clairon, posté au sommet du mirador de Sido, sonne la charge qui est aussitôt répétée par tous les clairons.

Mademba doit pénétrer par la brèche de l'ouest, soutenu par la 7e et par Sansaric. Les contingents de N'Tow, commandés par Mahmadou Racine, marcheront sur la brèche nord, surveillés et renforcés par Marchand et par Morin.

Accueillis par un feu très vif, les auxiliaires hésitent, reculent et se cachent à l'abri des murs et des baobabs. Ils s'empilent, couchés ou à genou, les uns contre les autres et demeurent inertes. Les tirailleurs, enlevés par leurs officiers, se fraient un passage à coups de crosse à travers ces noirs effarés, qui grommellent entre leurs dents des versets du Coran, et, leur passant sur le corps, ils pénètrent dans le village.

Les assiégés le défendent pied à pied. Chasseurs et tireurs émérites, ils se servent avec une égale adresse de fusils à tir rapide et d'arcs dont les flèches sont empoisonnées avec le suc du strophantus. Il n'y a pas à dire, ces gaillards-là « vendent chèrement leur vie ». Ils se battent comme des fauves. Quand ils ne peuvent plus charger leurs armes, ils décochent des flèches; et quand, acculés, ils n'ont ni la place ni le temps de bander leurs arcs, ils puisent dans les carquois et cherchent à piquer les assaillants avec leurs flèches empoisonnées.

Aussi la lutte est-elle meurtrière.

Le capitaine Klobb, que le colonel a envoyé à

la brèche du nord pour rallier les traînards, a
son cheval tué sous lui. Le lieutenant Charbonnier (de la compagnie Marchand) reçoit une balle
dans la tête et tombe. Le lieutenant Marchand,
blessé, tombe à son tour.

Cette troupe vaillante, sous les ordres du
capitaine Klobb, continue quand même à aller
de l'avant. Il faut traverser, sous une grêle de
mitraille et de flèches, une série de cours flan-
quées de cases fortement occupées. Il faut les
enlever une à une, passer de l'une à l'autre,
percer des créneaux dans les murs et recommencer encore quand on achève le siège.

Cela chauffe terriblement.

Enfin, Sansaric, qui a donné l'assaut par une
brèche de la face ouest, avance, au moment
même où l'adjudant Darnige, qui vient prendre
le commandement de la section du lieutenant
Marchand, arrive à son tour, renforcé par
Anthelme, à la tête d'un peloton de la 7ᵉ.

Pour opérer leur jonction, ces unités diverses
doivent traverser une grande place sur laquelle
donnent trois cases crénelées et bourrées de tireurs.

Klobb s'élance en tête de ses hommes.

Anthelme et Darnige escaladent une terrasse
et font feu sur les positions voisines. Klobb est
blessé : deux flèches traversent son casque et

viennent se fixer l'une dans le cou, l'autre dans le front. Anthelme et Darnige ont, l'un la main, l'autre le bras traversés par des flèches ; mais l'un et l'autre continuent à combattre.

On a atteint les cases ; on met genou terre ; on tire : on entre, on joue de la baïonnette ; l'ennemi se sauve.

La place est déblayée et le capitaine Klobb peut donner la main au lieutenant Sansaric, qui arrive à la tête de ses deux sections. Ce n'est, certes, pas sans peine et sans gloire que celui-ci est arrivé jusque-là.

La première brèche franchie, pendant que Baudot franchissait la seconde, il trouve devant lui les sofas de Mademba en pleine débandade.

Arrêtant par son énergie cette retraite, pour ne pas dire cette fuite désordonnée, Sansaric entraîne et rallie tout le monde, tirailleurs et sofas ; il donne l'exemple en combattant lui-même.

L'ennemi, qui poursuivait les auxiliaires la flèche dans les reins, est bientôt forcé de reculer : il n'abandonne pas pour autant la partie. Chaque carrefour, chaque ruelle, chaque mur, chaque case a ses défenseurs. Il faut les déloger à la baïonnette.

Au moment où Baudot, qui a eu la même besogne à faire de son côté, vient rejoindre son commandant de compagnie, les sofas, émerveillés par tant d'héroïsme, reviennent à de meilleurs sentiments. — « Vivent les blancs ! Vivent les tirailleurs ! » s'écrient-ils.

Et les blancs leur répondent : « En avant ! les noirs ! »

Sansaric, arrachant alors le drapeau tricolore de Mademba des mains d'un sofa, s'élance seul avec un clairon, monte sur une terrasse et fait sonner la charge. Les sofas s'élancent à leur tour pour reprendre leur drapeau... Les voici qui le reprennent, qui l'arrachent des mains du lieutenant. Noirs et blancs rivalisent cette fois de bravoure. Le mouvement est irrésistible. L'ennemi est culbuté.

Le sous-lieutenant Mangin, seul, est encore aux prises avec lui.

Entré par l'une des deux brèches nord, il a eu devant lui les auxiliaires de N'Tow qui, eux aussi, faisaient des façons et ne voulaient pas avancer. Trois fois blessé, mais ayant refusé de céder le commandement de sa troupe, Mangin, à force d'énergie, est parvenu à s'emparer d'une première ligne de cases ; mais il a fallu s'arrêter là.

Quand le reste du village est occupé, l'ennemi, fuyant de toutes parts, essaie de concentrer ses derniers efforts contre le vaillant officier.

Une décharge meurtrière calme ses ardeurs. Le colonel envoie alors une section de la compagnie Morin, sous les ordres du caporal Lejeune, en renfort à Mangin.

Lejeune, à la tête de vingt hommes, « auxquels se joignent les guerriers de N'Tow subitement aguerris », mène vivement la poursuite, tandis que Mangin, sortant de ses retranchements, se porte en avant et arrive, lui aussi, au milieu du village.

Il est quatre heures du soir. La victoire est complète. L'ennemi est en fuite, poursuivi par les spahis du lieutenant Laperrine et les lanciers peulhs du Mancina. Le village est enlevé.

Les trois couleurs flottent au sommet du *diom-foutou*.

Seuls, enfermés dans des cases et refusant de se rendre, quelques fanatiques tirent leurs dernières cartouches et attendent stoïquement la mort. Cadavres de plus à ajouter à ce monceau de cadavres, parmi lesquels celui d'un des grands chefs, Alassi Karba, mort en combattant.

XLVI

Mais la victoire a coûté cher.

Pour ne parler que des officiers, tous, ou à peu près tous, ont été blessés. Anthelme a eu une main transpercée par une flèche ; mais cela ne l'empêche pas, tout fumant encore de sueur et de poudre, de reprendre son journal interrompu :

Il est écrit, je crois, que les balles ne veulent pas me trouer la peau. Nous sommes arrivés le 23 au soir devant Diéna. Diéna est le nom de la réunion de quatre villages différents : trois s'étaient soumis, le quatrième se rebiffait, et le lieutenant de vaisseau avait dû se renfermer dans le *tata* voisin. C'était curieux ! Les deux villages sont séparés par une rue de deux mètres de large ; tu vois ces bons noirs se canardant à bout portant derrière leurs créneaux respectifs.

La colonne arrive donc devant Diéna le 23 au soir ;

on entoure le *tata* à grande distance pour éviter toute fuite et on s'endort du sommeil du juste..

On prétend que cinquante défenseurs restent à peine dans le *tata*, aussi ne veut-on pas faire donner les troupes régulières. Le roi N'Tow et son collègue Mademba, le nouveau roi de Sansading, sont chargés d'enlever la place.

Le 24 au petit jour, deux pièces de 4 et deux de 65 commencent à faire la brèche, pendant qu'un obusier de 15 centimètres bombarde avec conviction.

L'artillerie sans méfiance s'est placée à cent mètres du mur, quand un feu violent répond du village et nous rend rêveurs ; comment cinquante noirs peuvent-ils faire un feu si nourri sur une telle étendue ?

Sans chercher à approfondir, on se met un peu plus loin et la brèche se fait régulièrement : deux sur une face et une troisième sur une autre. A midi, le feu cesse, les clairons sonnent la charge. Mademba par l'ouest, N'Tow par le nord se précipitent à l'assaut avec un entrain excessivement modéré. A peine ont-ils dépassé les brèches, qu'ils sont reçus par une décharge épouvantable et n'hésitent pas à prendre une fuite rapide.

Les *grigris* (1), on le voit, produisent leur

(1) **Nos lecteurs ont deviné sans doute ce que le mot si-**

Les *grigris* sont des talismans. Ils consistent en des sachets renfermant des os, des mixtures de terre et de sang, des crins, des racines, des cornes d'antilope. Il y en a pour se garantir des serpents, des crocodiles, de la poudre et surtout des balles, de la baïonnette et des coups de couteau.

effet : malgré leur incontestable bravoure, les noirs ont reculé. Ont-ils aperçu, dans le corps à corps de la brèche, sur la poitrine tatouée des soldats d'Ahmadou, quelque corne d'antilope ou quelque tête de pintade, de ces fétiches qui rendent invulnérable et invincible ?

Les tirailleurs s'élancent pour barrer la route aux fuyards :

Alors la compagnie Sensaric reçoit l'ordre de pousser Mademba, pendant que la compagnie Marchand soutient N'Tow. Mais Sensaric ne peut dépasser les premières cases, et de l'autre côté Marchand tombe grièvement blessé ; son sous-lieutenant Charbonnier reçoit une balle dans la tête et leurs tirailleurs (auxiliaires) ne gagnent pas un pouce de terrain. Une section de Morin, sous le commandement de Mangin, s'élance et repousse enfin les défenseurs dans le village ; mais Mangin reçoit trois blessures et ne peut plus bouger. Ça commence à tourner mal.

XLVII

Le lieutenant entre en ligne à son tour. Laissons-le nous raconter lui-même de quelle glorieuse façon il a reçu sa première blessure :

C'est alors que le 7° tirailleurs réguliers, *dernière réserve*, reçoit l'ordre d'envoyer une section pour donner la main à Mangin. Je pars avec ma section et je m'avance sur la droite, montant sur les cases, sautant, courant, hurlant surtout, au milieu d'un feu comme je n'en ai jamais entendu. Ce qui terrifie tout le monde, ce sont surtout les flèches empoisonnées qui arrivent de partout et sifflent d'une façon horriblement gênante. Les hommes eussent préféré dix balles à une flèche.

J'arrive enfin à la brèche opposée où Sensaric presque seul faisait le coup de feu avec un fusil cassé ; nous faisons alors face à gauche, et repoussant devant nous ces acharnés, nous en faisons un joli massacre. Acculés au mur opposé, ils se décident à filer par la porte de derrière et je les poursuis de feux de salve du haut des murailles jusqu'à l'arrivée des spahis qui en font un carnage jusqu'à quinze cents mètres de là.

Mangin s'avançait de son côté, et une deuxième bande de fuyards a le même sort que la première ; vers quatre heures, tout est fini et nous nous rassemblons. Sur les trente-cinq hommes de ma section, j'ai neuf tués et vingt-trois blessés ; pour moi, je n'ai attrapé qu'une flèche qui m'arrivait en pleine figure et que j'ai parée avec la main, qu'elle m'a transpercée.

Il faut croire que je suis réfractaire au poison, car je ne suis pas mort du tout ; ça m'a fait l'effet d'une piqûre de forte guêpe et voilà tout. Quelques hommes en sont morts en quelques minutes, un cheval en une heure ; curieux, mais étrange !

Conclusion : méfiez-vous des apparences ; les cinquante hommes se composaient de dix-huit cents chenapans pas mal armés, qui tenaient comme des teignes et ont failli nous être assez désagréables. Ça rappelle comme surprise Ouossébougou.

Le lendemain, je suis retourné au village ; cinq cents cadavres y sont étendus ; quelle boucherie et que cela puait ! Mais j'ai pu constater que les six cents coups de canon et les cinquante bombes n'avaient produit que des effets piteux ; quelques cases défoncées et c'est tout. La brèche n'était pas mal faite, mais c'est beaucoup de poudre pour crever un mur de cinquante centimètres d'épaisseur.

Anthelme n'est pourtant pas satisfait. Rien qu'une flèche au travers de la main!... Un bobo.

quoi! Il s'attendait à mieux et il envie le sort de ses camarades qui ont eu la chance d'être plus grièvement touchés :

Quelle déveine de n'avoir pas attrapé un bon atout! Il y a tellement d'officiers blessés que je n'aurai rien du tout pour cela qu'une nouvelle proposition. Briquelot, capitaine d'état-major, coude brisé ; Marchand, bras, ventre troués ; Charlon, tête fêlée ; Mangin, tête, poitrine, jambe ; Sensaric, Baudot, moi, flèches.

Maintenant, tout est fini, le pays est soumis, nous allons rentrer à Nyamina dont nous sommes à huit jours de marche, sur la rive droite du Mayel-Balevel.

La campagne est complètement terminée, repos jusqu'à l'an prochain ; je ne sais pas encore dans quel poste j'irai.

Il y a un courrier tout de suite, je n'ai que le temps de t'embrasser, de vous embrasser tous comme je vous aime. Vous comprenez maintenant pourquoi je ne vous écrivais pas plus souvent ; nous venons de faire mille cinq cents kilomètres en deux mois, et une assez jolie campagne ; tout l'empire d'Ahmadou est soumis, et la France est sauvée !...

Et, dans une autre lettre à son beau-frère, récapitulant les incidents de cette première campagne, qui lui a valu une citation à l'ordre du jour, le lieutenant écrit encore :

Depuis que je suis arrivé à Kayes en octobre dernier, ne crois pas que je sois resté inactif. Parti en avant-garde du colonel Archinard, j'ai fait d'abord deux mois de brousse auprès de Kouniakary, puis la grande colonne est partie pour Nioro vers le milieu de décembre, et nous avons battu les féroces Toucouleurs ; nous avons pris Nioro, la ville imprenable, et détruit l'empire de ce pauvre Ahmadou. Pas de veine ! je me suis battu à Kolomey, Oualata, Saorané, Niogomero, Korgué, Youri ; pas la moindre égratignure ! Cependant, je ne me suis point éclipsé et j'ai été assez généralement devant mes hommes.

De Nioro, nous sommes arrivés au Niger, à Nyamina, où j'ai reçu ta lettre, et, du coup, nous sommes allés guerroyer sur la droite, de l'autre côté du Mayel-Balevel, contre les Bambaras insoumis du royaume du Ségou. Ces malheureux se sont enfermés dans un *lala* (village fortifié), où ils ont juré de vaincre ou de mourir : ils sont morts. Après un bombardement de six heures, nous sommes montés à l'assaut. Cristi ! c'était plutôt chaud, mais, pendant que je voyais tomber tous mes camarades et tous mes hommes, je restais intact avec une déveine insolente. J'ai enfin reçu une flèche empoisonnée, — ô poétique Afrique ! — qui m'a transfixé la main ; tu croirais peut-être que cela m'a fait quelque chose ? Erreur ! une piqûre de guêpe, grâce au docteur, qui m'a fait boire je ne sais quelle drogue.

Enfin, *nous avons gagné*, comme disent ces bons noirs, et soigneusement *estourbi* tout ce qu'il y avait dans le village ; les femmes et les enfants ont été emmenés en captivité. Je dis *captivité* parce qu'en France on a supprimé l'esclavage et qu'il ne faut pas contrarier ces messieurs les philanthropes ; mais ne te fais aucune illusion, rien n'est supprimé ici et on le voudrait que ce serait absolument impossible.

XLVIII

Colonne, en avant !...

Le 26 février, après un jour de repos, départ
de Diéna. Les blessés sont dirigés en voitures
ou en civières sur Ségou.

Le commandement du convoi est donné au
lieutenant Hourst, accompagné du docteur Grall.
Quant à la colonne, elle fait une première étape
de vingt-un kilomètres et vient camper à Louna.

Le lendemain, 27, arrivée à Bla, grand village
comprenant sept groupes distincts, entourés de
tatas.

Les indigènes font leur soumission et offrent
au colonel, en témoignage d'amitié, dix bœufs,
dix moutons, quantité de poulets et une provision
de cauries et de noix de kola qui sont destinés
aux troupes ; aussi fait-on bombance au camp.

Voici, le 28 février, Dacoumana, le centre de
la révolte prêchée par le shérif Hamid. Les habitants l'ont évacué, non sans y laisser d'énormes
provisions.

On y campe et on s'y repose le 1er mars.

Campement, le 2 mars, à Dalakoro ; le 3, à
Fallou ; le 4, à Kana, sur le bord du Mayel-Balevel. La colonne sort du Baminko et reprend la
route de Nyamina.

Étape à Souba, le 5 mars.

Le 6, arrivée à Baroueli, immense village où
se tient un grand marché.

Anthelme, en fin observateur, note sur ses
tablettes le curieux aspect de cette foire en plein
continent noir. L'entrée de la colonne provoque
un mouvement de surprise et de désarroi au
sein de cette foule grouillante ; mais, bientôt
rassurés, vendeurs et acheteurs viennent au-
devant de nos troupes.

Les femmes, portant des pagnes et des fou-
lards aux couleurs voyantes, font de petits signes
d'amitié aux spahis et aux tirailleurs. Les
hommes, moins expansifs, s'inclinent dignement,
comme s'ils étaient à la mosquée, avec toutes
les marques d'un profond respect. Sur l'heure,

les chefs du pays offrent au commandant de la colonne des bœufs, des moutons, du lait, du couscous, des poulets et un énorme chargement de riz, de mil et de niellé.

Et le marché reprend de plus belle.

Le long des grandes *paillotes*, sous les avant-toits supportés par des pieux, voici les marchands et industriels divers, accroupis sur des nattes. Il y en a de toute espèce : débitants de gin et d'huile de palme, d'étoffes et de verroterie, d'œufs et de beignets, voire même de morceaux d'antimoine pour maquillage et de poils d'éléphant pour colliers de femmes.

Dans les ruelles étroites, où s'étalent les produits de ce commerce primitif, les nègres vont, viennent, courent, se bousculent, se démènent et font un tapage étourdissant. Officiers et soldats circulent au milieu de ce monde noir, y jetant les notes gaies et pittoresques de leurs uniformes, achetant pour leur compte des objets de première nécessité ou des denrées pour l'ordinaire.

Et Anthelme, rêveur, réfléchit que le marché de Baroueli ne vaut pas la foire de Beaucaire, ni même celle de Saint-Félix en Savoie.

Mais pourquoi se plaindrait-il ?

Trouverait-il quelque part en France, sur le trottoir du boulevard des Italiens ou sous les ombrages de la Villa des Fleurs, ce charme amer et fortifiant de la vie d'aventures, cette vie faite de sacrifices et de privations constantes, mais aussi de surprises incessamment renouvelées, d'imprévu et de nobles satisfactions intimes? Qu'est-ce à dire quand on a la délicieuse perspective d'aller au-devant du danger, d'entendre à nouveau siffler les flèches et les balles et de pouvoir récolter un peu de gloire ?

XLIX

Et la marche en avant se poursuit, monotone, soutenue par les mêmes chants plaintifs, coupée par la grande halte et les arrêts réglementaires ; mais quelle différence, nom d'une pipe ! avec les prosaïques étapes du continent blanc !

Là-bas, des routes rectilignes et poudreuses, poteaux télégraphiques, chemins de fer, tramways à droite ou à gauche. Itinéraires connus à un kilomètre près. Des villages espacés, puis des chefs-lieux de canton, puis des chefs-lieux d'arrondissement, puis des chefs-lieux de département.

Et partout, c'est la même chose : ce sont les mêmes types, les mêmes civils, les mêmes facteurs, les mêmes charretiers, les mêmes gendarmes, les mêmes employés ; les mêmes figures, les mêmes aspects, les mêmes costumes, les mêmes toilettes, la même banalité.

Partout les bornes kilométriques, le bureau de postes, la gare, la mairie, la sous-préfecture, les rues tirées au cordeau, les annonces du *Petit Journal* ou du *chocolat Menier*, le café de la place et l'épicier du coin. Partout les camelots hurlant le scandale du jour, et le sifflet de la locomotive glissant, ironique et rapide, au nez du fantassin qui défile sac au dos et le fusil sur l'épaule sur le ruban interminable de la route poussiéreuse.

Seuls, les clochers espacés de distance en distance jettent une note de poésie dans cette uniformité et rappellent au petit soldat de France le coin de terre où il est né, où sa mère pense à lui, et instinctivement il compte le nombre de jours qui lui restent à faire avant de retourner là-bas...

Ici, du nouveau toujours, encore, à chaque étape, à chaque jour, à chaque heure.

Pas de route : quelques traces intermittentes servant de point de repère à travers la brousse. Au lieu des arbres émondés, traités, comme des fonctionnaires, par la voirie vigilante, des forêts vierges où la nature n'a jamais permis à l'homme indiscret de contrôler la végétation, où, dit plaisamment Anthelme en rappelant le mot prud'hommesque de la légende, « la main de l'homme n'a jamais mis le pied »...

Palétuviers au feuillage vert sombre comme celui du sapin des Alpes, cocotiers au panache hardi, bananiers à la teinte vert pâle, palmiers, ficus, indigotiers, arbres à beurre végétal, citronniers, orangers, calcédrats, baobabs, nopals, plantes à cochenille, ignames, patates : serre immense où s'étagent dans un désordre luxuriant toutes les tailles, toutes les pousses, toutes les nuances, toutes les couleurs.

Pas un homme sur la route. Pas un bateau, pas un transport, pas une usine, pas la moindre manifestation de l'activité humaine sur ce grand Niger qui s'écoule vers l'Océan, éternel voyageur poussé sur sa pente fatale par une force mystérieuse...

Sur ses bords, tout sommeille dans la lumière éclatante. Un « immense besoin de repos et d'immobilité » semble peser sur tous les êtres. Les alligators étendus sur les bancs de sable, les hippopotames se laissant aller paresseusement au fil de l'eau, de temps à autre un hurlement de singe ou un cri strident de perroquet troublent seuls ce majestueux silence.

De loin en loin pourtant, quelques *paillotes* groupées ou quelques pirogues effilées, primitives, montées par des noirs nus qui, en fait d'agilité et de grimaces, font concurrence aux singes.

« De place en place, sur le rivage, un gra n (

oiseau blanc au long bec se tient attentif et immobile au milieu des hautes herbes, épiant un
poisson imprudent. Puis viennent les grands
arbres dont les branches retombent en lames de
feuillage sur le fleuve, formant ainsi des berceaux
de verdure, des profondeurs d'ombre où la pauvre
négresse en voyage viendra s'abriter aux heures
brûlantes du jour (1). »

Et quand, à ces mêmes heures, lors de la
sieste, à l'ombre d'un baobab, Anthelme, assoupi,
revoit tous ces spectacles, revit toutes ces sensations, il ne regrette rien, il bénit son sort, il se
demande si ce n'est point un rêve ; mais, tout de
même, au fond du cœur, il voudrait bien revoir
la France... et il se dit qu'un jour viendra où, la
croix de la Légion d'honneur et la médaille com-
mémorative sur la poitrine, il fera bon faire les
étapes réglementaires, à la tête d'un bon et beau
bataillon d'infanterie de ligne, sur la route de
Marseille à Paris.

Tout chemin n'y mène-t-il pas, même celui de
Tombouctou ?...

Le 7, campement à Bogué.

Le 8 mars, alors que Kinian succombe enfin
et se rend au capitaine Quinquandon, comman-

---

(1) Édouard Viard. — *Au Bas Niger*.

dant les armées alliées de Bodian et Tiéba, Archinard traverse une seconde fois le Niger, en face de Nyamina. Cinq pirogues et une baleinière envoyées de Nigou rendent le passage plus facile. La colonne, avec armes et bagages, est bientôt transbordée.

Séjour à Nyamina le 9 mars.

Une mutinerie promptement apaisée s'élève parmi les sofas. Bientôt les auxiliaires sont tout entiers à la joie de retrouver leurs femmes et célèbrent la mémoire des victimes du combat de Diéna.

Tumulte assourdissant. Chaque guerrier tué a droit, selon son grade, à un certain nombre de coups de fusil. Les blessés participent au même hommage. Cette fantasia funèbre retentit au loin ; elle n'est pas pour troubler Anthelme, que la poudre n'enivre que quand elle parle pour de bon.

De sa tente, il écrit à son beau-frère, grand amateur d'armes, avec lequel il a chassé bien souvent, jadis, dans les marais d'Albens :

Nous voici maintenant de retour à Nyamina ; nous nous figurions tous la campagne terminée et nous nous préparions à rentrer à un poste quelconque. Paf ! nous repartons en guerre contre ce délicieux Samory, qui nous ennuie dans le Sud.

Tu feras bien de ne pas parler de ce dernier

détail à maman qui serait horriblement inquiète.

Si je peux, en passant à Bamako, je t'enverrai une caisse de flèches, d'arcs, de lances, poires à poudre, etc.; les *flingots* ne t'intéresseraient pas, ce sont des fusils à pierre du premier Empire ou des 1822. J'ai cependant, comme dépouilles opimes, un winchester que j'ai conquis sur un grand escogriffe qui bêtement m'a manqué à trois pas. J'ai également quelques vieux Corans pris à Nioro, des sabres, des couteaux : tout cela m'embarrasse fort, et je ne sais comment faire pour l'expédier.

J'accepte tes offres de service en ce qui concerne livres et journaux, envoie-moi en colis postal tout ce que tu voudras, l'actualité est totalement superflue : que j'aie seulement quelque chose à me mettre sous la dent !

Il y a, dans la colonne, un *Journal officiel* que nous nous repassons depuis trois mois avec un plaisir croissant : tu vois où nous en sommes. D'autre part, depuis que je suis au Soudan, je n'ai reçu qu'un seul courrier, celui du 15 décembre; les autres se promènent je ne sais où, à Nioro, à Ségou, à Koundou, etc. ; c'est certainement ce qu'il y a de plus pénible à supporter, cette absence de toutes nouvelles des siens, cet isolement au milieu des pays noirs...

L

Les pays noirs... Ah! ce n'est pas que ce fils des Alpes blanches en soit devenu plus fanatique...

Pauvres gens! disent les géographes de cabinet... Pauvres brutes! n'hésité-je point à déclarer. Tu ne peux te faire une idée de l'abrutissement voulu, de la méchanceté, de l'indolence, de la paresse de ces répugnantes créatures. A de bien rares exceptions près, le noir, à l'état sauvage, est une bête malfaisante et complètement imperfectible. Les femmes sont peu ou pas habillées, laides, puantes à ne pas prendre avec de longues pincettes. C'est une pitié, te dis-je, et quand il m'arrive de faire des comparaisons mentales, je pousse de sourds grognements et de larmoyants soupirs.

Que de souvenirs pourtant les grands fauves **lui ont laissés !**

Nous ne chassons pas maintenant, quel dommage !
Pendant les marches en avant-garde, on voit des bêtes
splendides, des antilopes de toute grandeur, des sangliers, des éléphants, même quelques girafes, et de
temps en temps un grand fauve qui s'en va... pas
content ; tu aurais de belles occasions de placer ton
coup de fusil. Si tu peux me faire parvenir également
par colis postal quelques balles à pointes d'acier ou
quelques explosibles non chargées, tu me ferais plaisir : j'ai un 12 assez bon qui me rendait d'excellents
services au moment où je pouvais chasser ; j'espère
que cette époque va revenir et que je pourrai de nouveau rapporter de temps en temps, comme tu le dis,
un éléphant dans ma poche. En fait de chasse au lion,
je n'ai à mon actif qu'une fuite rapide, un soir où je
m'oubliais aux avant-postes et où ce brutal animal est
venu méchamment m'interrompre en me criant aux
oreilles. J'avais des ailes, et j'ai éprouvé un sensible
plaisir à rentrer au camp ; je m'en tâte encore le pos-
térieur avec angoisse.

Je t'écris, mollement assis sur un tas de paille qui
compose mon lit, abrité du soleil par un rempart de
paille qui compose ma maison. Telle est mon installation depuis la fin d'octobre ; heureusement que la
pluie n'est que fort vaguement connue par ici.

Ici, un crayon du Soudan, à coups rapides :

Si j'étais dessinateur, je ferais le Soudan d'un trait
de plume : une plaine immense et morne, un baobab
au milieu, un paquet d'épines à gauche, un palmier
à droite, des herbes hautes et pointues partout, voilà !
Les villages sont de deux sortes, l'ordinaire et le
bambara ; le premier est en paille avec toits pointus,

le deuxième en terre, avec toits plats, entourés d'un mur (*tata*) plus ou moins fort et plus ou moins haut. C'est tout.

Puis, sous la rude enveloppe du soldat mêlé à tant de scènes de carnage, voici l'homme familial qui reparaît, le jeune oncle qui a des tendresses de père, des gâteries de grands-parents pour ses petits neveux ;

Je ne puis maintenant t'écrire d'une façon sérieuse ; quand je serai installé quelque part, je te promets des volumes de correspondance. Merci à mes chers petits neveux de leurs bonnes lettres, elles m'ont fait bien plaisir ; je rapporterai à René une girafe apprivoisée, et à Pierre un petit nègre qui fera toutes ses volontés.

A bientôt donc, mon cher Charles, reste assuré de ma sincère affection ; n'oublie pas de faire signe à Pégy que je vais très bien.

Mes affectueuses caresses à tous les rejetons de la race.

Le 10 mars, à l'aube, départ de Nyamina.

Le lieutenant Hardiviller et Laperrine, avec ses spahis, partent en avant-garde. Le lieutenant Charbonnier remonte le Niger avec les chalands et des pirogues pour préparer le passage de la Frina.

Mademba, à la tête de ses guerriers, quitte la

colonne pour aller prendre possession de Sansading, sa nouvelle capitale. Le roi du Ségou sep-
tentrional emporte une lettre d'investiture lui
accordant, au nom de la France, la suzeraineté
sur le Ségou, le cercle de Bamako excepté, sur
les territoires du Saro et du Monimpé et sur les
villes de Sansading et de Sikolo.

La colonne remonte la rive gauche du Niger,
passe à Kon, à Kono et vient camper à Konina.

Étape, le 11 mars, à Fougali N'Souba.

Le 12, passage de la Frina, belle rivière de
vingt mètres de large, « encaissée entre des
berges hautes et argileuses », qui rappellent à
Anthelme le lit du Chéran de Savoie.

Campement, le soir du 12, à Dialakoro ; le 13,
à Koulikoro ; le 14, à Manambougou. A partir de
là, plus de pirogues pour transporter les bagages
et soulager les mulets ; les barrages de roches
rendent presque impossible la *remontée* du Niger.

Sur la rive droite, voici qu'apparaissent les
États de Samory, et, sur la rive gauche, toujours
plus nombreux, des campements d'émigrants
qui ont fui, pour se mettre sous la protection du
pavillon français, les exactions et les cruautés
du sultan noir : villages provisoires, huttes en
paille hâtivement dressées. « On ne peut se dé-

cider à abandonner l'espoir de retourner un jour dans le village où l'on est né ; on vit, tant bien que mal, en attendant que Samory ait disparu ; on croit toujours que ce sera bientôt ; et, la paresse aidant, on ne défriche guère et on meurt de faim. »

En constatant ce phénomène, Anthelme ne se découvrait-il pas, une fois de plus, au fond du cœur, lui aussi, l'espoir de retourner un jour au pays natal et de revoir les êtres aimés qui pensaient à lui, là-bas ?...

LI

Entrée à Bamako, le 16 mars. Séjour, le 17 et
le 18. Départ, le 19 et campement à Bankobou-
gou.

Étape, le 20 mars, à Kronsalé, village de
griots épargné par le général Desbordes quand il
poursuivait Samory ; le 21, à Kéniéroba, village
détruit de fond en comble par Samory en 1883, et
qui commence à se repeupler.

A Kangaba, le 22, réception enthousiaste.
On dirait un grand concours musical en pays
noir avec harmonies appropriées. Tous les griots
de la région, tous les alamas et les talibés des
deux rives se sont donné rendez-vous et prennent
part aux tam-tams.
Au milieu des danses, les griots hurlent, en un
langage hyperbolique, les louanges des toubabs

de France. La force ! toujours la force ! Les noirs ne connaissent que cela. Cependant, ils ne sont point insensibles à la justice et à l'humanité. Écoutons-les chanter :

« Tous les rois puissants sont en fuite...

« Samory se sauvera bientôt comme un *bouquis* dans le désert...

« Si les rois avaient été bien inspirés, ils seraient tous venus se jeter aux pieds du général Desbordes, après la chute de Daba...

« En ce jour, les Français ont montré qu'ils étaient forts entre les forts et qu'ils aimaient les noirs plus que les noirs ne s'aiment...

« Car les Français vainqueurs ont épargné les noirs vaincus et ils leur ont donné leur amitié...

« Si les rois avaient été trouver en ce jour le général Desbordes, les rois ne seraient pas aujourd'hui des vagabonds et des mendiants... »

Drôles de gens que ces griots ! Importants personnages, mais génies malfaisants, jouant un rôle prépondérant dans la vie des noirs, s'imposant aux grands et aux petits par une sorte de prestige et de terreur superstitieuse tenant à leurs airs inspirés, à leurs évocations épileptiques et à leurs mauvais tours.

C'est une caste à part.

Un officier, qui les a vus de près, les a dépeints de ce joli coup de plume :

« A la fois méprisés et flattés, recherchés pour leurs talents, craints pour leur ruse et **leur aptitude** à nuire de diverses façons, ils vivent de l'ignorance et aussi de la vanité générale. Ils ont, en effet, une spécialité lucrative entre toutes : ils sont bouffons et chanteurs. Ce sont les gardiens et les propagateurs de la seule littérature des Malinkés : une littérature orale composée de chants sur les exploits des morts et des vivants, chansons de gestes ou mazarinades scandaleuses, que le *griot* répète ou improvise, selon qu'il ressent le désir de se faire payer ses louanges ou son silence. On peut dire, sans jeu de mot, que ces étranges factotums, orateurs, conseillers, poètes et diffamateurs, embryons d'Arétin ou de Figaro, vivent du chant et du chantage (1). »

Et les griots continuaient à chanter.

Autour d'eux, les femmes accompagnaient les strophes improvisées de leurs battements de mains et de leurs danses. Les musiciens exécutaient une sarabande endiablée où le xylophone (2), la guitare à cinq cordes, la flûte en

(1) Chez l'Almany Samory. *Revue illustrée*, 1er octobre 1886.
(2) Instrument formé de lamelles de bois de différentes longueurs, clouées sur un cadre; au-dessous de ce cadre sont disposées des calebasses vides, de dimensions proportionnées à celles des lamelles.

terre cuite, le triangle et les castagnettes venaient
fondre leurs sons criards et désordonnés dans
le tocsin des tam-tams, les uns immenses, les
autres menus, — grosses caisses et tambours
de basque.

Puis les guerriers entraient en ligne et exécutaient leur danse de guerre... « La tête et les bras,
ornés du sabre et du fusil, sont seuls en mouvement : ils s'élèvent et s'abaissent avec une agitation d'autant plus frénétique que la cadence de
l'espèce de cri de chacal poussé par tous, ce qui
est leur cri de guerre, devient plus précipitée. »

Anthelme, assis avec les camarades aux côtés
des grands chefs, sur le *tara* qui leur servait
d'estrade, s'amusait des contorsions de ces
singes et se disait que décidément le théâtre
forain de Kangaba ne valait pas les divertissements de l'Opéra.

23 mars, départ de Kangaba. La route est
bordée de magnifiques orangers. Campement à
Balansan, puis à Nafadié, le 25 mars ; à Koboko,
le 26 ; à Falama, le 27 ; à Siguiri, le 28.

Le 30 mars, la colonne est prête à partir et à
commencer les hostilités contre « le doux Samory », que l'on ne doit pas tarder à rejoindre.
Cinquante pirogues ont été réunies pour le
passage du Tankisso, dont les rives vaseuses

rendent l'abord difficile. Le passage dure quatre heures.

Campement sur la rive droite. Les spahis font la chasse à des bandes d'indigènes, « alliés malgré nous, » qui veulent à toute force suivre la colonne en fourrageurs, dans l'espoir du pillage.

1er avril. — Campement à Karatoro.

2 avril. — Arrivée à Niantancoro. Passage du Niger.

Anthelme est à l'avant-garde. Les deux premières compagnies forment immédiatement le carré sur la rive droite et occupent sans coup férir le village de Dialibakoro.

Les voici bien pourtant dans les États de Samory. On ne s'en douterait guère. Pas d'apparence d'organisation armée. Pas de velléité de résistance.

Les gens du pays apportent des présents au colonel qui, atteint d'un accès de fièvre hématurique, se raidit contre le mal avec une énergie surhumaine, reçoit les envoyés des villages et exerce toutes les fonctions de son commandement, sans rien laisser paraître de ses souffrances.

Séjour à Dialibakoro, le 3 avril.

Départ, le 4, pour Fodekaria. Les indigènes viennent au-devant de la colonne avec des corbeilles de patates, de manioc, de dattes et de kola. Les auxiliaires font des leurs. Ils volent et pillent leurs hôtes. L'exécution sommaire d'un des coupables remet tout le monde à la raison.

Campement à Nafadié, le 5 avril, à Diagama, le 6.

Toujours pas l'ombre de Samory !...

Anthelme enrage. Cette série d'étapes, où la colonne ne reçoit... que des corbeilles de manioc, lui paraît fastidieuse. Où sont les beaux jours d'Youri et de Diéna? L'almany tant vanté sera-t-il donc aussi insaisissable qu'un vulgaire Ahmadou ?...

LII

Hélas ! Anthelme ne se doutait pas que son heure approchait. Non, la « girafe apprivoisée » et le « petit nègre » ne devaient pas prendre avec lui la route de France.

En marche, le 7 avril. Le marigot de Badako est franchi. On escalade un plateau rocheux pour redescendre sur le village de Karfamoudouïa, dont les habitants viennent au-devant de la colonne.

Samory, cette fois, n'est pas loin. On est près de l'atteindre. L'almany se retire, brûlant tout sur son passage. Voici, sur la droite, Médina qui flambe, et, sur la gauche, Kankan tout en feu. L'incendie a été allumé avec méthode. Des bottes de paille ont été placées, dans le village, au pied des orangers, des papayers, des dattiers. Les spahis surprennent les sofas en train d'achever leur œuvre.

Il faut leur donner la chasse.

Une colonne volante, sous les ordres du capitaine Hugueny, ira délivrer Kankan, poursuivra Samory, poussera jusqu'à Bissandougou, si elle ne rencontre pas de résistance trop sérieuse, et détruira la capitale.

Le capitaine emmène avec lui une section d'artillerie de montagne, trois compagnies de tirailleurs, un détachement d'indigènes et un peloton de spahis.

Anthelme est désigné pour marcher avec la 7e. Il est en ce moment le plus heureux des hommes. Ses meilleurs camarades font partie de l'expédition : Hardiviller, Renault, Laperrine, Biétrix, Baudot, jusqu'à ce fidèle Mahmadou Racine, tous ceux avec lesquels il a guerroyé dans le Kaarta. Le bon vieux Ningo est là aussi et astique furieusement le sabre de son lieutenant, afin qu'il luise bien éclatant quand, sous les rayons du « monstre », il devra montrer aux tirailleurs le chemin du devoir...

La colonne quitte Kankan à deux heures un quart; elle passe le Milo à gué et arrive à Dabadougou. Des cavaliers ennemis essaient de mettre le feu au Sanié. L'arrivée des Français vient les troubler dans leur besogne. Le Sanié est occupé. Quelques obus et des feux de salve mettent en fuite les cavaliers qui reviennent.

Campement à Dabadougou. Anthelme dort de son bon sommeil sous la paillote que lui a préparée Ningo ; et dans le monde merveilleux où se promène son rêve, il entrevoit, à travers une gloire, la croix d'honneur qui plane au-dessus de sa couchette et sa mère, les larmes aux yeux, qui l'embrasse et lui sourit...

LIII

8 avril, à l'aube...

Anthelme a le commandement de l'avant-garde.

Un beau jour s'annonce. Le soleil se lève, radieux, au bout des vastes plaines sans fin, immensité de terre sablonneuse empourprée par ses premiers rayons : la ligne d'horizon, implacable et dure, apparaît dans les intervalles des bouquets de bois et des accidents de terrain...

Dans les Alpes, c'est le renouveau : les violettes fleurissent, les arbres bourgeonnent, la sève monte, les oiseaux se reprennent à chanter; doucement les fiancés cheminent ensemble et *se parlent* le long des sentiers : la vie, l'amour, l'espérance.

Ici, sous le ciel des tropiques, c'est la jeunesse qui marche, insouciante, alerte, résignée, riant à la fatigue, à la chaleur déjà pesante, bientôt torride. Blancs ou noirs, ils sont tous jeunes, sauf le bon vieux Ningo, vieux, mais aussi vigoureux qu'un jeune. Un peloton de spahis, avec leurs vestes rouges, leurs pantalons bleus bouffants, leurs burnous et leurs casques blancs défraîchis par la sueur; puis, le lieutenant, bien sanglé dans sa tunique, fumant une cigarette matinale et laissant aller sa monture au pas, derrière les petits chevaux arabes.

Les tirailleurs suivent, le fusil Gras en bandoulière, pliant sous le poids du sac gonflé. On eût dit, vraiment, la dernière colonne du *Jean de Loti* :

« Aucun présage de mort, rien de funèbre dans l'air, rien que le calme et la pureté du ciel. Dans le marais, les hautes herbes, humides encore de la rosée de la nuit, brillent au soleil : les libellules voltigent avec leurs grandes ailes tachetées de noir ; les nénufars ouvrent sur l'eau leurs larges fleurs blanches. »

Cinq heures et demie...

Dans le lointain, un gros village, ruche de cases et de paillotes séparées par des ruelles. En avant, une sorte de blockhaus primitif, bientôt et à mesure que l'on s'approche plus distinctement perçu.

. .C'est Ouloundougou.

Une foule grouillante s'agite derrière : guerriers à moitié nus, « démons noirs » couverts de
grigris, courant, se bousculant, se démenant
avec une agilité féline.

Véritable image de l'enfer que ce camp de
nègres horribles, scalpés, tatoués, ivres de
fureur et de sang. Les uns tendent la corde de
leur arc ; les autres affûtent leurs lances. Ceux-
ci chargent leurs fusils à piston. Ceux-là, à
cheval, passent ventre à terre à travers les groupes, apportent des ordres, vont en chercher, et
de ce grouillement d'hommes et de bêtes surgissent des clameurs sauvages auxquelles se
mêlent les sons sourds et précipités du tam-tam,
les notes aiguës des flûtes, les beuglements des
olifants.

« Cela va chauffer, » dit un vieux birbe, qui
avait plus d'une fois déjà entendu cette musique.

A portée de fusil...

Les tam-tams de guerre retentissent de plus
belle. Quelques balles, mais impuissantes, tombent inertes en avant de la colonne. Anthelme
est descendu de cheval ; il a mis sabre au clair
et commandé : *Baïonnette!... on!*

Le premier, ivre d'ardeur guerrière, fou d'enthousiasme, il s'élance à l'assaut et se précipite,
en escaladant les parapets en pisé, dans l'inté-

rieur du village. Les hommes le suivent; les voilà aux prises avec l'ennemi, se frayant un passage à travers les soldats d'ébène, dans des mares de sang.

Ce fut une lutte acharnée, démoniaque, épique. Pas de quartier de part ni d'autre. On se battait corps à corps. On se tuait à coups de sabre, à coups de baïonnette, à coups de lance.

Les noirs avaient pour eux le nombre et l'avantage d'une forte position défensive. Ils durent céder pourtant et allèrent, pêle-mêle, en masses désordonnées, se reformer à quelque distance, puis disparurent dans la brousse...

LIV

Une halte aux pieds d'un baobab : Ouloundougou est conquis. Les vivants ont fui; les cadavres restent, portant figé, au visage, un rictus
horrible. Une loque tricolore flotte maintenant
au-dessus du village noir.

Le lieutenant dispose une ligne de tirailleurs
pour se garder contre un retour offensif, puis il
fait déjeuner sa troupe. Un spectacle de mort
les entoure. Qu'importe! la mort, pour le soldat.
n'est-ce pas la vie?... Et pendant que les chevaux boivent l'eau dormante et dévorent l'avoine,
eux mangent avidement le pain durci, le couscous et les vivres de conserve. Lui n'a jamais été
aussi gai, jamais plus étourdissant et d'une verve
plus endiablée. Dans le carré des officiers, on
boit à la France et en avant ! car la journée n'est
pas finie, et, au bout, s'il plaît à Dieu, le mar-

souin entrevoit le petit bout de ruban rouge qu'il sera si fier de rapporter à sa mère, auquel il a rêvé dans son dernier sommeil...

Dix heures.

La colonne a repris sa marche. Dans la forêt épaisse, pas de trace humaine.

Dix heures et demie, onze heures, onze heures vingt-cinq, toujours rien.

Passage du marigot de Diaman. En face, la brousse, bordant le ravin de Kokouna, et, dans la brousse, quelque chose d'insolite, des feuillages qui bougent, et ce n'est pas le vent qui les agite... Bientôt des ombres noires apparaissent, nombreuses, denses, effrayantes. Il en descend de toutes parts. Et voici que le tabala retentit...

L'ennemi!... c'est l'ennemi!...

Et un ennemi redoutable, — redoutable par le nombre, par les positions qu'il occupe, par la fureur dont il est animé.

Il y a des minutes sur le champ de bataille où les plus braves ont peur. Paniques inconscientes, instinctives, insurmontables : la tête triomphant de l'âme et l'entraînant en arrière d'un mouvement automatique, irraisonné.

Ainsi des tirailleurs. La première ligne, à cette

apparition, hésite et flotte. Un peu plus, et ces lions deviendront des lièvres, comme les auxiliaires de Diéna.

Anthelme, lui, n'a pas peur. Le sourire aux lèvres, le regard illuminé, il s'élance au-devant de sa troupe, le sabre à la main. « En avant, les tirailleurs, et vive... ! » Il n'eut pas le temps d'achever.

De la brousse une décharge meurtrière est partie. Une balle en plein cœur : le lieutenant est tombé pour ne plus se relever. Ningo se précipite avec le caporal de la première escouade : tous deux tombent à leur tour, mortellement frappés.

Alors les tirailleurs, redevenant eux-mêmes, devant le cadavre encore chaud du *toubab* adoré, s'élancent comme une trombe, fous de douleur, de colère, de bravoure.

Pas de quartier. Un massacre.

Anthelme est vengé.

LV

Deux heures du soir. Sous l'ombre d'un baobab, les trois cadavres sont couchés. Anthelme
a à ses côtés les deux noirs dont les balles de
Samory ont mis la tête en bouillie. Lui, calme,
reposé, souriant, semble dormir. Seule, une blancheur de marbre répandue sur son visage dit que
c'est bien le dernier sommeil. Sur la poitrine, à
la place du cœur, — juste à l'endroit où la croix
d'honneur devait être attachée, — une déchirure
large comme un écu.

Et c'est tout.

Il est superbe ainsi, l'enfant des Alpes, en
tenue de combat, jusque dans l'immobilité de la
mort.

Les camarades, le cœur oppressé, les larmes
coulant le long des joues, défilent un à un, silen-

cieux, se demandant si c'est bien vrai, s'il ne se réveillera pas... Éternel mystère auquel on ne s'habitue jamais, même en le frôlant chaque jour...

Il y a là d'anciens *copains* de Saint-Cyr et de Toulon, d'autres qui ne l'ont connu qu'au Sénégal, des blancs et des noirs ; tous avaient appris à l'aimer, tous le pleurent, et, pour le pleurer, ils ont le même cœur, la même langue. Aucun met bravement un genou en terre, et, la tête entre les mains, se prend à réciter tout bas une prière pour l'âme du *pays* qu'il ne reverra plus en ce monde, dont l'enveloppe mortelle, elle-même, va disparaître sous cette terre africaine...

Car il faut se hâter.

L'ensevelissement doit avoir lieu sur l'heure. On ne peut emporter ses morts ni laisser leur dépouille exposée aux outrages des noirs.

Vite, une croix est taillée dans la brousse. Un calcédrat, - l'arbre des guerriers, — fournit le bois du divin symbole.

Des couronnes de feuillages sont hâtivement tressées ; trois fois quatre planches, assemblées à la hâte. Pieusement, les camarades y déposent l'un après l'autre les trois cadavres.

Tous trois ensemble, ils sont portés, à bras, du pied du baobab jusqu'à la mosquée déserte.

Un tirailleur de France porte en avant la croix :

la croix, prière muette, qui supplée aux pompes liturgiques forcément absentes en ce désert, la croix devant laquelle se signe plus d'un vieux *birbe* de Bretagne, qui a conservé au cœur la foi de son enfance et assez de mémoire pour n'avoir pas complètement oublié les premières prières avec lesquelles une mère pieuse l'a autrefois endormi, entre deux baisers.

Derrière les cercueils, toute la grande famille militaire, en tête de laquelle marche le commandant.

À l'entrée de la mosquée, le piquet présente les armes.

D'une voix forte, mais altérée par l'émotion, — en quelques paroles brèves, hachées, — le commandant salue le vaillant fils de France, mort entre ces deux noirs, pour la défense du drapeau, et lui dit au revoir dans ce monde meilleur où leur sacrifice doit recevoir sa récompense.

Les clairons sonnent une dernière fois. On dirait, au hoquet des notes, qu'ils pleurent, eux aussi, celui avec lequel ils ont si souvent sonné la charge.

Les trois cercueils sont laissés dans la mosquée. On y met le feu. Ce n'est bientôt qu'un amas de cendres. Sur le temple de l'Islam consumé par les flammes, la croix est plantée comme un signe de résurrection et d'espérance...

Et, d'un pas cadencé, vigoureuse toujours, mais cette fois morne, silencieuse, triste, ne rythmant plus par ses chansons sa marche à travers ces solitudes inconnues, la colonne, après avoir rendu les derniers devoirs à ses morts, marchait sur Bissandougou...

LVI

Paris, 20 avril 1891.

Le Sénateur, Ministre de la marine,
à Monsieur le Maire d'Albens (Savoie).

J'ai le regret de vous faire connaître que M. Orsat (Félix-Anthelme) (1), né à Albens le 13 décembre 1868, lieutenant d'infanterie de marine au régiment des tirailleurs sénégalais, a été tué glorieusement d'une balle au cœur, le 8 avril 1891, dans les environs de Bissandougou, en poursuivant l'armée de Samory. Je vous prie de vouloir bien porter, avec les ménagements désirables, cette douloureuse nouvelle à la connaissance du père de cet officier.

(1) Son nom, que nous avions promis de laisser enveloppé d'un voile, a échappé à notre plume ; nous n'avons pas le courage de réparer cette patriotique indiscrétion qui assurera au lieutenant Orsat, dans le livre d'or de l'infanterie de marine, la place d'honneur dont sa mémoire est digne.

LVII

Laissons parler un témoin, celui-là même qui, quelques mois plus tard, devait tomber à son tour, mortellement frappé (1). Quelle plus belle oraison funèbre, pour un soldat, que cette page écrite par un soldat !

Camp de Médina.

Je l'aimais bien, votre pauvre frère, et je crois bien qu'il me le rendait. A Toulon déjà nous étions liés, mais pas de cette intimité de la brousse, du combat, de la tente fraternellement partagée, du dernier verre de vin de réserve mis en commun, et il est mort, mort en brave et bon soldat.

Pendant toute la campagne, il a été d'une bravoure et d'un entrain remarquables. A Youri, il était malade à mourir; violent accès de fièvre; sur son instante demande, malgré l'avis des médecins, il part... En route, il tombe, on le croit mort, on le

____

(1) Le capitaine Morin.

place dans une voiture; au premier coup de canon,
il en sort pour se battre et s'élancer à l'assaut.

A Diéna, il charge avec sa section dans le village.
Là, une scène à la Plutarque : il rencontre l'adjudant
Darnige qui, bien que blessé, a pris le commandement d'une compagnie dont les deux officiers sont
emportés grièvement touchés, et, au milieu du bruit
assourdissant de la fusillade, il engage la conversa-
tion suivante : *Bonjour, Darnige, votre santé est
bonne ? — Trop veinard de Darnige, vous commandez
une compagnie et je ne commande qu'une section !...*

Et il continue, aussi calme que sur une promenade
publique, pendant que les balles pleuvent de toutes
parts, renversant tout, et qu'il entraîne ses hommes
ruelle par ruelle, case par case. A son tour, il est
blessé par une de ces flèches empoisonnées qui peuvent vous foudroyer; sans penser à la mort qui peut
survenir d'une minute à l'autre, il continue sa course
en avant et ne songe à se faire panser que quand
nous sommes maîtres de la place, qu'à la tête de sa
section il a traversée de part en part en assurant la
victoire !

Enfin, arrive la campagne contre Samory. De Si-
guiry à Kankan, rien; mais quand nous arrivons à
Kankan, le village brûle. L'armée de Samory traverse
le Milo. Il est urgent de pousser en avant; mais le
colonel Archinard, à bout de forces, ne peut continuer la route; il garde près de lui le convoi et deux
compagnies et jette le reste de la colonne contre
Samory; elle est composée d'un peloton de spahis,
d'une section de 80 et de trois compagnies, dont la 7ᵉ,
celle de votre frère. Le même jour, 7 avril, elle fran-
chit le Milo, poursuivant de ses feux l'arrière-garde ennemie, elle parvient jusqu'à Dabadougou.

Le lendemain à l'aube, elle se remet en route ; le brave Orsat commande l'avant-garde. A six heures, il arrive au village d'Ouloundougou, fortement occupé par un gros d'ennemis, il l'enlève brillamment à la baïonnette et refoule devant lui les gens de Samory qui, habiles et courageux, mettent à profit les moindres accidents de terrain pour leur défense héroïque. Il faut les déloger pas à pas, et la marche en avant est un continuel combat.

A neuf heures, notre colonne s'établit en halte gardée et des feux de salve bien ajustés la débarrassent pour un instant de ses ennemis ; ce moment est mis à profit pour le déjeuner de la troupe. Pendant le repas, votre frère est d'une gaieté franche et cordiale, gaieté remarquée qu'il garda jusqu'à la fin. A dix heures, la marche est reprise, et, jusqu'à onze heures vingt-cinq, nullement inquiétée ; à ce moment, on arrive au *marigot* de Diaman. Devant nous, un ravin profond et boisé : l'ennemi est là, attendant, on le sent. L'avant-garde hésite, il faut l'entraîner, votre frère s'élance, un feu violent le renverse en arrière... tué raide d'une balle au cœur, tirée à moins de trois mètres. Son vieux Ningo et un caporal veulent le relever, ils tombent la tête fracassée.

Mais la compagnie, furieuse de la mort d'un chef adoré, s'ébranle à la baïonnette, les spahis s'élancent au galop et les guerriers de Samory se dispersent dans la brousse, abandonnant leurs cadavres et une vingtaine de fusils à tir rapide, Gras, Chassepot, Remington. Et dire que votre frère doit sa mort à la vente de nos fusils de guerre à des mercantis français !

La colonne relève ses morts et ses blessés sans être inquiétée par l'ennemi lancé en pleine déroute. A une heure et demie elle bivouaque à Sana, et attend, pour enterrer ses morts, le retour de la 7e compagnie (celle de votre frère), acharnée à la poursuite des guerriers de l'almany. A deux heures, on rendait les derniers honneurs à notre pauvre mort, qui repose entre les deux tirailleurs qui étaient ses plus fidèles guerriers.

Je la retrouverai, cette modeste tombe, quand je partirai pour la campagne prochaine, et je le vengerai, notre pauvre ami ; je viens d'être décoré et, au moment où je recevais la croix, ma pensée allait au plus brave de nous, au héros de Diéna, à celui qui l'avait méritée dix fois, la croix, et qui n'était plus là pour la recevoir !

M...

LVIII

Une matinée de mai.

Les Alpes n'ont jamais été plus belles. Les frondaisons d'avril sont devenues plus denses. Partout des fleurs, des rayons, des sourires. Éternelle jeunesse du renouveau qui, chaque année, revit quand l'autre jeunesse est si courte et dure à peine ce que dure une génération de roses.

Dans ce concert, une note triste. La cloche de l'église prochaine se met à pleurer. A toute volée, elle envoie aux échos les plaintes d'un glas lent, prolongé, monotone qui serre le cœur...

A travers les sentiers, les paysans, suspendant pour une heure le travail du jour, arrivent, par groupes; puis, après s'être signés avec l'eau bénite, vont prendre dans l'église leur place accoutumée.

A l'autel le curé monte revêtu de la chasuble
noire.

La messe, puis l'absoute.

Libera me, entonne l'officiant ; et les chantres,
de leur voix agreste et sans art, lui donnent à
plein gosier la réplique :

— *Requiem æternam dona ei, Domine,*
— *Et lux perpetua luceat ei.*
— *A portâ inferi.*
— *Erue, Domine, animam ejus.*
— *Requiescat in pace !*
— *Amen.*

Oui, qu'il repose en paix, le fils vaillant de la
montagne, l'enfant des Alpes qui est allé, à
vingt-deux ans, mourir sur les bords du Niger!..

Qu'il repose en paix, le soldat chrétien tué
par une balle de musulman !

L'armée n'a-t-elle pas aussi ses martyrs, et, là-
haut, dans le ciel, n'y a-t-il pas un séjour d'élection, et comme un saint des saints, pour les
âmes de ceux qui ont versé leur sang sous les
plis du drapeau?...

— *Domine. exaudi orationem meam.*
— *Et clamor meus ad te veniat.*
— *Dominus vobiscum.*
— *Et cum spiritu tuo.*

Un dernier *Oremus ;* encore un *Requiescat.* L'absoute est donnée. Les fidèles se retirent. Vite ils retournent au rude labeur, heureux de se sentir vivre, comme on l'est égoïstement chaque fois que l'on s'est approché de la mort.

Le sacristain a éteint les cierges. Le curé a dit son action de grâces. Les enfants de chœur ont quitté prestement le surplis et la soutanelle noire et s'attardent maintenant à jouer au *baculo* (1) sur la place, avant d'aller à l'école.

La famille, elle aussi, s'est retirée lentement et a repris le chemin de la maison vide, — vide de celui qui y apportait l'entrain, la gaieté, les rayons de la vingtième année.

Le soleil, lui, continue à rayonner, les blés à pousser, les prés à fleurir. Ce soir, filles et garçons vont se remettre à chanter les couplets du retour des bergers à la ferme. Le nom d'Anthelme a passé un instant sur leurs lèvres. Ce n'est déjà plus qu'un vague souvenir. Bientôt cette survivance imprécise disparaîtra elle-même, ainsi que la ride que la libellule fait à la surface d'une eau dormante en la frôlant de son aile.

Mais dans l'église redevenue silencieuse et déserte, sous la voûte faiblement éclairée de la

(1) Jeu d'enfants en usage dans les Alpes.

petite chapelle, — une mère, en longs voiles de deuil, s'attarde à prier longuement pour le repos de l'âme de celui qui n'est plus...

.   .   .   .

Et c'est ainsi, dès lors, tous les jours de l'année.

Et ce sera ainsi jusqu'à la fin.

Dans le délire de l'agonie, une mère âgée de quatre-vingt-dix-sept ans s'imaginait bercer son premier né qu'elle avait perdu, il y avait plus de trois quarts de siècle, alors qu'elle n'avait point encore atteint sa vingtième année. On l'entendait l'appeler, lui répondre, lui chanter des refrains d'autrefois; on la voyait attirer à elle une ombre invisible, la couvrir de baisers, lui sourire...

Elle s'éteignit, ayant sur les lèvres le nom du chérubin qu'elle allait revoir aux cieux.

Ainsi sont toutes les mères.

L'immortelle fleurit en leur cœur alors qu'en dehors du sanctuaire le temps fait son œuvre et que la ronde des feuilles mortes jette au vent de l'oubli les derniers vestiges des printemps disparus...

ÉPILOGUE

Ces pages sont des pages vécues, rien n'y a été changé. A peine un encadrement discret en a-t-il souligné les nuances et ménagé les transitions.

Reliques conservées dans le sanctuaire familial et destinées à n'en pas sortir, elles m'ont été confiées un jour, au pied des Alpes, le long de cette frontière où l'on dirait que l'amour de la France, constamment sur le qui-vive, a quelque chose de plus vibrant, de plus intense.

J'ai feuilleté ce carnet de soldat en marche et j'ai sollicité la faveur de procurer à d'autres les émotions qu'il m'avait fait éprouver.

N'ai-je pas été bien inspiré ?

Ne se sent-on pas fier et réconforté quand on songe qu'il y a dans notre armée tant de braves cœurs vibrant à l'unisson de celui dont nous venons de raconter la trop courte histoire et de fixer le souvenir ? Quand on a lu ces lignes, peut-on désespérer de la patrie ? N'y a-t-il pas là un noble exemple pour la jeunesse française, et le lieutenant Orsal, le Savoyard obscur, de la trempe des héros de la vieille brigade (1), ne devait-il pas trouver place dans ce martyrologe au bas duquel le jeune duc d'Uzès, le descendant des croisés, a inscrit, quelque temps après lui, un nom illustre dont il a rajeuni la gloire en mourant au service du pays ?...

Là-bas, sur les rives du Niger, émergeant des cendres de la mosquée détruite, une croix de bois, que la *tornade* emportera quelque jour ou qu'un grand fauve broiera quelque nuit, marque le coin de terre où reposent les restes de cet enfant de la montagne couché aux côtés de deux fils du désert.

Le soir du dernier combat, devant la fosse hâtivement creusée, la famille du drapeau a présenté les armes, fait un dernier feu de salve, essuyé une dernière larme, récité une dernière prière. Le commandant de la colonne a dit le dernier adieu au nom de la France, l'*au revoir* des vaillants qui, familiers avec la mort, savent que tout ne meurt pas quand le cœur cesse de battre.

(1) Les soldats de Savoie formaient dans l'armée sarde deux régiments d'élite connus sous le nom de *Brigade, de Savoie* ; leur signe distinctif était le *collet rouge*. Ils se couvrirent de gloire dans les campagnes de 1848, de 1849 et de 1859.

Comme à Ouossébougou, et plus émues, plus suppliantes encore dans leur naïve invocation à Allah, Fatouma et Aïssata, les deux enfants noires, deux fois orphelines, sont venues furtivement à la nuit tombante déposer deux pierres blanches au pied de la croix du chef blanc, si jeune et si bon, sur le brasier à peine éteint...

Pauvres petites captives! elles ne savent pas lire dans le Divin Livre qui a relevé la femme, détruit l'esclavage et assigné un but à la vie. Puisque le *toubab* est mort, ne se laisseront-elles pas, demain, manger par les *bouquis?*

Mais qu'importe! en ce continent noir où la vie humaine compte, hélas! pour si peu, où l'indigène meurt « sans que le cœur batte plus vite »...

En avant!...

Au même chant plaintif que les tirailleurs rythmaient sur la pirogue, la colonne s'est remise en route, insouciante, pour être décimée encore demain, dans de nouvelles rencontres. Celle-là, du moins, ne mourra pas ; car n'incarne-t-elle pas la France, la France des croisades et de saint Louis, la France d'Henri IV et de Louis XIV, la France de la première République et de Napoléon Ier, la France de l'Algérie, de la Crimée, des plaines lombardes, des héroïques résistances de

1870 ; la France des grands gestes de Dieu, la
France de Cronstadt et de Saint-Pétersbourg, la
grande pionnière, toujours la même à travers les
siècles, qui marche, qui avance toujours, survi-
vant à ses fils tombés pour elle ?

Le tirailleur d'Youri et de Diéna était un jeune ;
mais alors que tant de jeunes s'amusent, inutiles
et dégoûtés de tout, il est venu, lui, chercher à
l'ombre des baobabs la mort glorieuse du soldat
et arroser de son sang le sol conquis à la Patrie,
fécondant ainsi l'œuvre de son expansion et de
sa grandeur...

Non, il n'était pas fait pour venir reposer dans
le cimetière de son village alpin, sous la pierre
du tombeau de famille, à l'ombre du clocher natal,
en face de ce Semnoz dont, chaque matin, le
soleil continue à éclairer les sommets radieux
ou embrumés... Il était « né pour le Soudan » ;
il devait y mourir.

Son âme, purifiée par le grand sacrifice, est
allée où s'envole l'âme des martyrs. Sa mère
inconsolée, vers laquelle son cœur criait un
soir : *maman!* — dont la vision évoquée le
faisait pleurer, devant le vieux Ningo qui repose à
ses côtés, — elle va maintenant prier seule pour
l'enfant chéri qui ne reviendra plus, qui ne lui
offrira plus son bras, le dimanche, quand il était
en permission, pour la conduire à la grand'messe.

Elle n'a pas même la douceur de les sentir là, tout près d'elle, sur la terre de France, les restes adorés de ce fils, qui dort de son dernier sommeil, bien loin, dans les pays noirs, sur les rives du Niger, sans que, vivant, la croix d'honneur, le *roman du marsouin*, ait brillé sur sa poitrine...

Mais à la chrétienne qui croit à l'éternelle réunion des enfants et des mères, qui sait que leurs âmes se retrouveront un jour, de même que, du bord de la pirogue, celle d'Anthelme venait, au pied de la montagne neigeuse, converser avec la sienne, — à la femme forte qui a conservé la foi et l'espérance, ne pouvons-nous pas dire, nous qui, pas plus qu'elle, ne les avons perdues :

« O Christ de ceux qui pleurent, ô Vierge calme et blanche, ô vous qui seule donnez le courage de vivre aux mères sans enfants, ô vous qui faites les larmes couler plus douces et qui mettez au bord du trou noir de la mort votre sourire, soyez bénis!... (1). »

(1) Pierre Loti. *Matelot*.

FIN

SOURCES ET OUVRAGES CONSULTÉS

Archives de Pégy, *Lettres d'Anthelme* ;
Pierre Loti, *Le Roman d'un Spahi* ;
Paul Bonnetain, *Dans la Brousse* ;
Ernest Daudet, *Le Duc d'Aumale* ;
Mage et Quintin, *Voyage à Séyou* ;
Le capitaine Piétri, *Les Français au Niger* ;
Le capitaine Amel, *Les Français au Sénégal* ;
De Lanessan, *L'Expansion coloniale de la France* ;
Le colonel Frey, *Campagne dans le Haut Sénégal et le Haut Niger* ;
Le général Faidherbe, *Le Sénégal, la France dans l'Afrique occidentale* ;
Édouard Viard, *Au Bas Niger* ;
Le capitaine Péroz, *Au Soudan français* ;
Le commandant Gallieni, *Mission d'exploration du Haut Niger* ;
Le colonel Archinard, *Rapport sur la campagne 1890-1891* ;
Journal officiel du 10 au 21 octobre 1891 ;
Alfred Rambaud, *La France coloniale*.

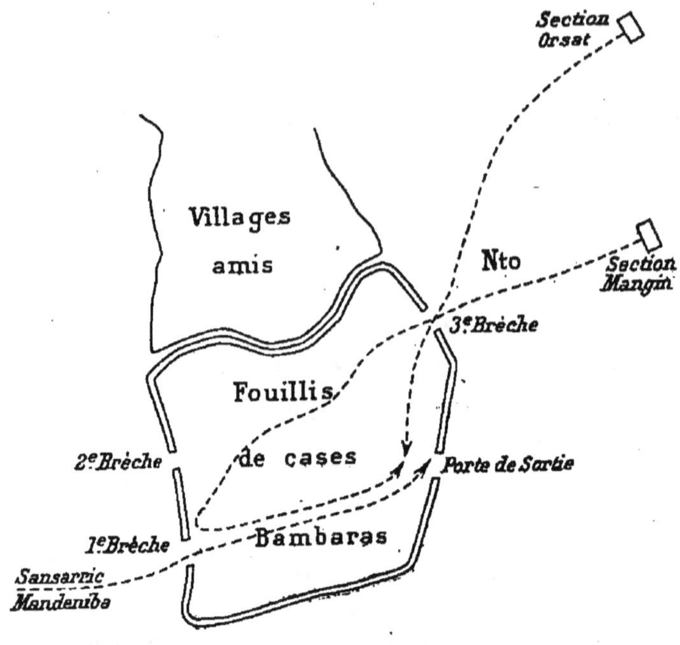

DIÉNA

N

D'après un croquis d'Anthelme.